議会改革はどこまですすんだか

改革８年の検証と展望

神原　勝　北海道大学名誉教授
中尾　修　東京財団研究員（元栗山町議会事務局長）
江藤　俊昭　山梨学院大学法学部教授
廣瀬　克哉　法政大学法学部教授

北海道自治研ブックレット No. 4

【目次】

1　改革8年、議会は変わったか

8年で570以上の議会基本条例が制定された

神原　ご出席いただいたみなさんは日頃から議会改革の現場に足繁くでかけ、実践にふれながら理論構成をし、議会改革の流れを牽引してきた百戦錬磨の方々です。議論していただくテーマは「議会改革はどこまですすんだか」ということですが、どんなお話がうかがえるか楽しみです。

議会改革の起点になったのは、八年前の二〇〇六年に北海道の栗山町における議会基本条例の制定です。これが大きなきっかけになって、全国に議会改革の流れが広がっていきました。この八年間の議会改革を検証しながら、現在の課題と今後の展望など、議会改革全般にわたって忌憚のないお話をうかがいたいと考えています。

最初に議会改革の八年をどのように評価できるか概括的にお話をうかがいます。次に、議会改革の三本の柱と考えている、議会と市民の関係、議会と長の関係、そして議員と議員の関係です。これは議会改革の中心課題ですから、この三つ、あるいはその相互関係について突き詰めて考えていきたい。最後に、議会改革をさらに発展させていくためにはどんなテーマがあるのかそれぞれご意見を出していただきます。

二〇〇六年五月に栗山町議会が全国初の議会基本条例を制定したとき、私は「二〇〇六年が議会改革元年になり今後全国に広がっていく」と、当時、論評しました。それから八年が経ち、議会基本条例の制定も数百のオーダーになって、改革のすそ野が広がりました。これによって自治体議会は力を増したのか、また市民の意思を反映する議会に変わってきたのかなどについて、みなさんの評価をお願いしたい。

廣瀬さんは「議会改革フォーラム」を主宰されて、全国の議会改革の情報センター的お仕事をされていますので、議会基本条例の広がりの状況もふくめてお話ください。

廣瀬　栗山町議会が初めて制定した二〇〇六年五月一八日から二〇一四年四月一日時点で、五七一本確認できました。見落としはないと断定できませんが、わずかな期間に全自治体の三分の一近くに達し、ここまでくると議会には普通のこととして議会基本条例がある、という状況になってきたと思います。

議会基本条例時代の議会改革の一つの特徴的な取り組みである議会報告会も着実に増加し、名称は様々ですが、機関としての議会が直接住民と対話をする報告会を昨年行った議会はちょうど五〇〇です。アンケート未回答の議会が一割くらいありますので、実数はもう少し多いと思います。二〇〇六年には栗山町と宮城県の旧本吉町（現気仙沼市）、そして同県女川町といった限られた議会の取り組みであった議会報告会が、現在では全国五〇〇以上の議会の取り組みになっています。

議会基本条例時代の基本的な指標になる基本条例と報告会がこれだけのペースで広がってきて、議会はこれまで通りであっていいという価値観、考えは鳴りを潜めてきている。いますすみつつある議会改革を何らかのかたちで取り入れるという考えが、標準的な位置づけになってきたのは確かです。

他方では、その裏返しなのかもしれませんが、議会報告会を行わなければならないと考えているけれども、「議会報告会を何のためにやるのか」は見えていないという議会も出てきています。他方で、なかなか期待したようにはいかないという先行事例の情報だけは伝わってくるので、目的意識は不明確だけれども、議会報告会をどのように行えばいいのか知りたいという問合せが増えてきました。

これはいささか本末転倒な話で、議会改革の具体的な項目について普遍化してきたため、何のために行うのか認識がないままに改革に取り組む事例も出てきているということです。そこでは、どんなやり方がいいのか価値判断の基準を自らが持っていないので、具体的な手はずをどう整えていけばいいいのか迷っている現状があります。

神原　議会基本条例制定が五七一ですと、これは全国の議会の約三分の一になります。自治基本条例は最初に制定した二〇〇一年から一三年間で約三〇〇条例ですから、これをはるかに凌駕しています。制定状況に地域的な差はあるのでしょうか。

廣瀬　たしかに地域差があり、東京都内は少なく、中国四国もやや少ない傾向です。北海道は町村で伸びがとまりました。埼玉県と千葉県では増えつつあり、都心では増えませんが、東京都心部から三〇キロ、四〇キロ圏で意欲的な取り組みが広がっている印象です。震災被災地では、震災以前から制定に取り組んでいた議会が多く、震災以後も広がっています。

議会のあり方が明確になってきた

神原　中尾さんは栗山町が議会基本条例を制定したときの議会事務局長ですが、その後八年間の広がりをどう評価していますか。

中尾　議会基本条例制定時にこんなに広がるとは予想していなかったので大変な驚きです。栗山町議会では議会基本条例制定前の二〇〇五年に、旧本吉町（現気仙沼市）につづいて議会報告会を行い、報告会を制度として確立してほいという意見が各会場の町民から出ていました。このため議会報告会を実施する条例を考えていたときに、議会基本条例要綱（試案）が北海道自治研究（二〇〇四年一一月号）に掲載され、これを参考にしながら栗山町議会の活動にあわせた条例をつくっていったという経緯です。二〇〇一年当時、議会が機関として直接住民と対話をするという意識は希薄でしたが、それが大きく転換したのは議会基本条例でした。

首長と議会、二元代表制という地方自治の仕組みも理解度は低く、選挙で選ばれた議員が直接住民と話し合う意識は醸成されていませんでしたから、議会基本条例によって考えは一気に深まったと思います。

従来の議会運営に参考人などの制度で住民が参加することがあって、そのほかに議会報告会もあるかたちがいいと思うのです。ただ、廣瀬先生が指摘したように何のために議会報告会を行うのか整理されていないケースもあり、気になる点です。

神原　江藤さんは各地の議会を訪ねていますが、どう見ていますか。

江藤　栗山町議会基本条例の制定が議会改革の起点になっているのはその通りだと思います。それには二つの意味があり、一つは議会運営を条例化したことで、どのような議会にするか規範性をもたせた。二つめは、今後の議会のあり方を明確に規定していることです。神原さんが冒頭で指摘したように、住民とともに歩むこと、それをふまえて議員間討議をし、そして執行機関との政策競争を行い、議決責任を行使していく、これを議会基本条例で明確に規定しました。

私は議会基本条例により議会改革の本史にはいったと思います。これまで議会改革がなかったわけではありませんが、住民自治の根幹としての議会改革という意味ではいままでは部分的なもので、情報公開を行うとか、一問一答方式とか、対面式議場にするなど本体部分ではない。その意味で、議会改革の前史の段階にありました。それとは異なり、今日の改革は、住民自治の根幹としての議会を作動させ、これは議会だけでなく自治体改革につながるものです。栗山町議会基本条例はこれを明確に宣言し、作動させています。

栗山町議会の条例が歴史的な起点になって、全国五〇〇もの議会の横への広がりとともに、議会改革は進化している。議会基本条例を制度化して推進することにより解釈も変わってきているし、自治法自体も改正された。具体的には条例により議決事件を追加することを定めた、地方自治法第九六条第二項を使うようになってきました。そして括弧書で法定受託事務は議決事項に追加できないことになっていましたが、二〇一一年の自治法改正で法定受託事務についても認められるようになった。さらに議会のサポートとしては、自治法第一〇〇条の二の専門的知見の活用があります。

自治法の解釈はそれぞれの自治体で行っていい。議会基本条例をつくるとき中尾さんは苦労されたと思いますが、会議規則があるので議会基本条例はできないという考えを突破して自治の風土をつくり、それにともなって制度が変わってくる。

進化させるという点では、全国で条例化をすすめながら議会改革をすすめていく。ローカル・マニフェスト議員連盟や議会事務局職員のネットワークも広がり、その活動を通して進化を遂げている印象です。一方では、普遍化することでマンネリがでてくるし、新たな課題も出てきます。それを突破するのが自治運動です。

先進議会と居眠り議会の格差が広がる

神原　議会基本条例の制定が増えるのは結構なことで、山頂、つまり質を高くするには裾野という改革を志す議会の量を増やさなければなりません。山を高くするためには裾野を広げなければならない。そのような構造でみれば、山頂にいる少数の議会と裾野にいる多数の議会、そしてその中間にいる議会といったように、改革のレベルを同時的な空間で評価すれば議会間格差があります。しかし時間の流れでみれば、議会間格差はマイナスの方向で拡大しているわけではなく、プラスの方向に向けた格差の拡大ですから、先端を走る議会が課題を明確にして牽引しているかぎりは、裾野にいる議会をあまり批判の対象にしなくてもいいと思います。

それに先駆議会でもぼやぼやしていると居眠り議会になりますし、いま居眠り議会でも覚醒すれば先駆議会になれます。その意味で、議会間の格差は能力格差ととらえるよりは時間格差と考えたほうがいい。私はそんなふうに楽観的にみていますが、この点を中尾さんはどう考えますか。

中尾　議会基本条例を制定したけど、さほど改革につながらないという指摘があるのは確かです。基本条例は直接請求の対象になり、住民は基本条例を根拠に何らかのアクションは起こせるわけです。そこで議会は住民の代表機関ですから、議員を選んだ住民の側も議会との関わりを十分認識するようにならないと、議会制度自体が健全に本来の目的を果たせないことになると思います。

神原　廣瀬さんはいまの点はどうですか。先ほどは、一方でマンネリ化しているというご指摘でしたが。

廣瀬　神原さんがおっしゃるように、先にすすむ議会があって後れるところがある格差なので、全体として後退しているわけではない。

もう一つは、条例に書いたことの重みです。条例でこのように定めたのに、なぜいまのような決め方になるのか、という問いかけができるようになりました。規範として明文化されたものがなくて、住民代表だからこうしてほしいという思いだけで批判をするときと、議会が議決した条例に書いているのに、いま起こったことは条例の規定と違うといえるときとでは、住民からの批判や改善要望の持っている力は異なってきます。条例で定めたことを実行するというかたちで議会のなかでの合意形成も容易になるでしょう。

いまの段階では基本条例をつくること自体が目的化して、条例を制定した時点で改革が終わった気持ちになっている議会はたしかにありますが、制定した条例を前提に地域の住民との関係を展開する場面が出てくれば、次の段階にすすむきっかけになると思います。停滞している議会があり落ちていく可能性がないとはいえませんが、進展していくテコは潜在的に準備されていると考えていい。

神原　それは議会のあり方を条例で規範化する、つまり、なぜ議会基本条例を制定するかということにつながる大事な論点ですね。書いてあることは、誰かが気づいてその実行を求めたときにはやらなければならない。これがないといつもゼロからの議論になってしまいますから。

ところで、マスコミの議会イメージは、いま私たちが議論しているような議会イメージとはかなり違います。たとえば、政務活動費の使い方をめぐって公の席で号泣して辞めた議員、飛行機の座席のリクライニングをめぐって市民に暴言を吐いて辞職した議員、セクハラ発言で知性を問われた議員、いずれも府県レベルですが、面白おかしく紙上やテレビを賑わします。こんな報道を毎日見ていると、自分のところの議会も多分大同小異だろうというイメージで市民は見てしまう。すぐれた改革をしている議会もきちんと報道しなければバランスが悪い。地道な改革がマスコミの議会イメージに覆われてしまいます。

地方自治のいい点は、全国一斉に同じ問題が起きないということです。一七〇〇の自治体があれば必ずどこかで不祥事は起きるでしょうが、一七〇〇全部ではありません。よそで問題が起きれば、他山の石として自己点検することができます。リスクを最小限にとどめることができるのが地方自治の利点です。

閣僚や国会議員の不祥事など、国レベルで同じような問題が起これば国政全体がマヒして影響は国民全体に及びます。江藤さんは最近のこのような問題をどう感じていますか。

江藤　最近は不祥事が多く報道されています。マスコミの報道の仕方にも問題がありますが、私たちは議会改革の起点から八年でここまですすんだことを確認することです。議会間格差が出てくるのは当然のことなので、議会基本条例を制定し、議会報告会を定め住民との接触が必須になれば、議会改革はおのずと住民の方に向いて動き出します。装置が組み込まれますから、マンネリや問題点があっても過渡期として徐々に全体が引き上げられていくと思います。

不祥事については、基本的な結論としては新しい道具、装置を認識していない議員を炙り出すいい機会だと思います。東京都議会のセクハラヤジの問題は、議会運営がセレモニーであることを明らかにしました。議長はセクハラヤジを制止しないし、質問者もそのまま質問書を読み続け、同僚議員も議事進行について何もいわない。つまり議会はセレモニーであることによる運営の問題を明確にしました。

兵庫県の政務活動費不適切使途の記者会見を行った号泣議員の問題は、政務活動費の意味をほとんど理解していない。いま議会は監視能力と政策提言能力を高めようとしているときに、理解していない議員を炙り出した。どういった議会をつくっていくかを、住民、マスコミと議論するいい機会だと思います。

中尾　問題になった事案について、議会が機関として住民に対して報告会などを行った経験がない議員だと思います。機関として住民と向き合うことがあれば、もう少し議会の説明責任や住民が責任を問う機会があったと思います。たとえば名古屋市議会では、河村たかし市長と対立的な関係がつづいたため、議会報告会を行う動きがありましたが、市民の目の前に議会が登場するのは重要なことです。

神原　日常的に議会と議員が市民ときちんと接点をもっていれば、このような問題は極小化できるというお話としてうかがいました。それで思い出したんですが、議会基本条例を制定するとき栗山町議会の橋場利勝議長が、議員倫理条例は制定しないのかと私が問いかけましたところ、橋場さんは「議会基本条例に書いてあることをしっかりやれば倫理条例はいらない」とおっしゃっていました。けだし名言です。

やはり議会基本条例、すなわち行動・思考の基準という規範をもたない議会で不祥事が発生する傾向にあることは明瞭ですね。でも新聞・テレビはこんな観点からの報道はまったくしません。事件が起こるとコメントを求めてきますが、私がそのようなことをいうとほとんど理解不能のようです。結局私のコメントが載ったことは一度もありません。

議会に関する自治法改正をどう評価するか

神原　次に議論を移しますが、自治体議会が力をつけてきつつあるなかで、並行して国は議会関係の条項について地方自治法を改正してきています。流れとしては議会の活動を自由にして活発にできるようにする。もう一つは長との関係において議会の影響力を強めていく方向に変えていく。このように二つの視点から改正が行われているのだと思います。
また、議会から法改正の要請があったことと、すでに議会が先鞭をつけて実行していることが混在していますが、私が疑問に思うのは、なぜ現行法下で議会が自由にやれることを、地方自治法に組み込むのかということです。たんてきにいえば、放っておけばいいのに、と思うわけです。

二〇〇〇年の分権改革以降さみだれ的な改正があり、とくに二〇〇六年以降に重要な改正があったと思います。江藤さんは地方制度調査会の委員もされていましたので、議会関係の地方自治法改正で感じていることをお願いします。

江藤　いままでも議会についての改正はありましたが、先ほども触れたように、分権改革の流れのなかで、議会の権限として自治法九六条二項の括弧書きを変更したのは、議会の監視能力を高めたものとして画期的なことです。また、議会・議員の監視能力、政策提言能力を高める改革は出てきています。

首長との関係では、専決処分の厳格化、議会招集にあたって首長が招集しない場合に議長に招集権を付与、通年期制の導入（二〇一二年）、などもこの流れです。委員会に議案提出権の付与は、自由度の拡大とともに監視・提案機能と連動します。これは委員会における議員間討議を前提とする議会運営では画期的なことです。

議会の監視能力、政策提言能力の向上を支援する制度改革として、専門的知見の活用（自治法一〇〇条の二）が定められ、政務調査費が二〇〇〇年改革で制度化され二〇一二年から政務活動費になりました。

議会の自由度を高めることについては、すでに、定例会数・議員定数・委員会数の条例化、委員会の複数所属などが行われました。義務付け・枠付けの廃止、緩和の流れから、基本構想の議会の議決義務がなくなり、これは自治体の自由度を高めることでしょうが、この意味をどう捉えるか。

さらに自治法の解釈はそれぞれの自治体で責任をもって行えばいいのです。総務省行政課長の見解では、禁止されていなければ原則自治体の解釈に任せるといったり、公聴会や参考人制度は委員会のみ法律規定だったのが、本会議でもできることになりましたが、行政課長は従来からできたという。総務省が解釈権を持っていることではありませんが、禁止と書いていないことを自治体はできた、と総務省はいってるのですから、それぞれ自治体が独自に考えていけばいいことです。ただし、いまだに総務省は議会に附属機関を置くことを認めていませんが、一つ一つ突破していくことが大切です。

神原　明文で禁止していないことは自治体が独自に構想して行うことは当たり前で、市民参加も情報公開も総合計画も政策評価もみな自由の領域で行ってきたことです。私たちは昔から一貫して考えてきたことです。たとえば自治法九六条の議決事件の問題でも、行政法学者は、長については概括例示、議会については制限列挙といってきました。総務省の解釈もそうです。しかし、九六条二項で議会は条例で議決事件を決められるのに、どうして制限列挙というのか、この解釈は間違っていると私は主張してきました。

江藤　そうです。そのときに、従来の行政法学者の解釈、自治省・総務省の解釈をみるのではなく、住民にとってどういう意味を持つのかという解釈をすればいいので、その基準となる議会基本条例ができたのは画期的なことです。

神原　総務省が今頃になって間違いに気づいて解釈を変えるのは、ようやくそのレベルに達したということなのでしょうが、そうした総務省解釈は、もう自治体の現場では通用しない。たとえば付属機関が議会に設置できない、など。必要があると判断すれば自主的にどんどんやればいいし、現にやっているわけです。もしそれが違法だというなら、それこそ総務大臣は地方自治法にもとづいて「是正措置」を講じればいいのです。裁判制度を前提にして法解釈権は市民も自治体も省庁もみな対等にもっています。

廣瀬さんは地方自治法の議会関係条項の改正で気になる点はありますか。

廣瀬　基本的にいい方向に行っていると思いますが、気になっているのはいまお話に出た問題です。元々できたことをあえて自治法の条文に加えていることです。たとえば本会議での参考人や専門的知見活用は、書かなければ取り組みが広がらないという考えで、わざわざ条文化された。法律に明記しなければやらない、できない状況そのものが問題を表していると思い、反省すべき点です。

議会の政策力の増大と再議権の調整

廣瀬　近年の法改正の種類のもう一つは、改革がすすんできたことで課題が浮上する、制度が予定していなかったことで本来必要なものがあったことに気がついたようなタイプです。たとえば計画議案の再議です。政策的な判断によって計画が修正されたり、議員提案で計画策定されることがあり得ます。それに対して政策方針を巡って、異なる考えを持つ首長が予算や条例について再議できるのであれば、政策的判断に基づく計画の議決に対して再議権があって然るべきです。

これは計画を議案にして、かつ議会が政策の提案や立案の主体として動くことを想定していなければ、そこに再議権がなくても誰も問題だと思わない。ところが実際に計画を修正する議会が出てきたときに、制度的に手当しなければならないことになってきた。この延長でいうと政策条例についての質疑権を行政側に与えるべきではないか、という考えが近い将来出てくると思います。政策の立案主体として議会が積極的に動きはじめれば、その後執行機関は執行責任があるので、どういう趣旨なのか、こういう場合どう執行すればいいのかを質疑して確認しなければ、責任を持って執行できない。現在の制度の上では議会の議事の中で行政側は論点の提起や問題の指摘もできないので、これも制度化していく必要があります。

豊田市議会基本条例にはそれに匹敵する「確認の機会の付与」の規定があるので、積極的に政策提案していく議会みずからの発案で制度化していくことが望まれていると思います。

神原　さきほど江藤さんからもお話があったように、「基本構想」の議決は地方自治法からなくなりました。大いに結構なことで、自治体にとっては何のマイナス影響もありません。以前から自治基本条例や議会基本条例に、あるいは最近ですが総合計画条例を制定して、基本構想をふくむ総合計画を規定し、自治体独自の法的根拠をもたせる流れが加速しています。法律事項であっても自治基本条例の下位に組み込まれている。

条例や予算の再議に止まらず、そこに総合計画をふくめることは議会の議決が前提になっているからこそ、執行部側に異論がある場合の対抗措置が必要になる。従来のように総合計画とはいっても「行政計画」であった時代は必要なかったのですが、議会の議決を要する「自治体計画」になったからこそです。これは一見、長の権限を強めたようにみえますが、そうではなく議会の政策力量の向上を前提として成り立つ議論です。

中尾　第二八次地方制度調査会の答申に基づく、二〇〇六年以降の自治法改正では議会制度にとって重要な改正がありました。

〇六年の改正では先ほども触れたように自治法一〇〇条の二で、議案の審査、事務の調査について専門的知見が活用できるようになりました。さらに一〇九条七項では、常任委員会の議会への議事案件提出権が認められましたが、実際に行った例は少ない。

一三八条七項、議会事務局に関する規定では、「庶務を掌理する」から「事務に従事する」へ改正されている。ここも大変大きい。議員をお世話するというイメージから、調査能力、政策提案、法制能力等が明確に求められることになったことです。

現場では法的根拠について、自治体の議会事務局長や総務部長は自主解釈に不安があり他に根拠を求めます。都道府県の市町村課や総務省にこれでいいのか聞くことがあると思います。

〇六年五月に栗山町議会基本条例を制定したとき、総務省は北海道を経由して町の総務部長にどういう条例を制定したのか照会してきました。町議会が提案して制定した条例なのですから、議会に問い合わせてほしいのですが、総務省は町の総務部長に問い合わせるかつての機関委任事務のルートになる。「どんな内容の条例を制定したのですか」の問い合わせで、法令の枠を超えているとみたのかもしれません。

当時はまだ議会基本条例に対する見方は定まっていませんでした。江藤先生が委員を務めた第二九次地制調答申（二〇〇九年六月一六日）では「近年、それぞれの議会において、議会の活動理念とともに、審議の活性化や住民参加等を規定した議会基本条例を制定するなど、従来の運用の見直しに向けた動きがみられるところであり、引き続きこのような自主的な取組が進められることが期待される」と肯定的に評価し、議会基本条例が認知されたと理解しています。自治法に規定はないけど議会基本条例は自治法と矛盾しないことが確認されたと思いますが。

江藤　このときの答申素案では「議会の活動理念等を宣言した議会基本条例」という書き方だったのですが、議論のなかで答申のような内容になりました。議会基本条例は今後の自治のあり方として重要なものと明確に書かれています。議会基本条例は時代の趨勢ですから、多くの議会の取り組みが認知され、答申に書き込まれたという流れでみることができます。

中尾　この地制調答申以降、議会基本条例の制定が一気に全国に広がったのは、答申が裏付けになったからで、とくに議会事務局はそのように判断したと感じています。

また私自身が臨時委員をつとめさせていただいた第三〇次地方制度調査会において検討された内容から、二〇一二年度の地方自治法改正になったものとしては、「一〇一条第六項　臨時会の招集権に関する規定」「一〇二条の二　通年制議会の実施に関する規定」「一一五条の二第二項　本会議における参考人招致の規定」「一七九条第四項　専決処分の不承認への措置に関する規定」等多岐にわたりますが、自治法上の議会に関するものは相当整備され、これからそれぞれの自治体議会がどう使いこなしていくかが問われていると思います。

神原　おそらく事実経過はその通りでしょうね。事務局もふくめて議会のなかには、法律が明文で禁止していないことは自由にできるとはいっても、情けないことに自治体はなかなか一歩が踏み出せない。だから、法律に明文の規定があれば安心して行うことができるということでしょう。肯定的にいえば、法律を使って改革を拡大していくということですか。

けれども、私たちが最初に議会基本条例を構想した時もいまも、法律を変えなくても現行法の下で独自の努力で自由にできるものを条例化しようというのが出発点ですから、当然のこと、議会基本条例が法律とぶつかることなどないわけです。しかし、これからどんどん改革をすすめていくと、次の段階では法改正が必要な場面が出てくるかもしれませんが、基本は法律から規定自体をはずして自治体の自由にすることではないでしょうか。

江藤　議会基本条例と法律がそれほどぶつからないのはその通りですが、発想がまったく変わると思います。従来のように、憲法、自治法など法律を見ながら自治体を運営するものから、自治体はこうあるべきなんだという自分たちの規範をつくっていくようになる。様々な場面で、かりに従来の法律解釈とぶつかっても、自治をすすめるための解釈の基準、基点、軸になる規範を作り出すのは分権改革の成果です。

神原　通年議会も法律で定める前に一部で実施されていました。法律で定めなくても現行法でできるのであれば、法律に規定する必要はない。自治体の判断と意思で決めればいい。法律事項にするか自治体の自由の領域にするか否かは、これから先整理する問題として出てくるでしょう。それまでは議会の活動が充実する方向であれば容認されていいと思います。

ついでにいえば地方自治法の学者・研究者は、単なる実定法の解釈ではなく、自治体から発して法律に取り込むといった、法律の制定・改正過程をきちんと説明すべきですね。そうしないと生きた法解釈にはならないし、解釈自体が危うくなります。

中尾　栗山町議会もそのような考えで基本条例を制定しましたが、問題の整理としては、現場の自治体職員は両にらみといいましょうか、裏打ちがほしいし、独自の自主的な判断で行いたい、という両方の思いがあります。

議会改革8年間の成果と課題

神原　八年間を概括的に評価する議論をしてきましたが、次の展開につなげるためにも議会改革の最大の成果、あるいは大きな課題について、一言ずつお願いします。

廣瀬　大きな成果は議会への市民参加という考え方が当たり前になったことです。そして課題は、議会への市民参加がどんな成果を生むだろうか、そのイメージが固まっていないことです。

江藤　まず、成果についてです。議会への市民参加はとても大事なことで、議会の議決責任を行使するためには、市民参加が必要だし、議員間討議が必要だという広がりが議会改革に結びついた。「住民自治の権限としての議会」として動きだした。その上での課題が登場していると理解すべきでしょう。

中尾　議会制度に対して市民の信頼はまだ十分とはいえず、議会は住民代表機関だという理解を求めていくことが課題です。

神原　私も一つ。議会への市民参加や議員間討議をすすめて政策議論をしても、それをどうすれば自治体としての公式の政策プロセスにのせることができるか。これは長と議会の関係になりますが、そこをきちんとシステム化しなければ議会への市民参加も議員間の政策討議もすすまない。長と議会の間の政策ルールの確立の問題です。これは後ほど議論していただきます。

2　議会と市民の交流はすすんでいるか

議会と市民の双方向性は確立しているか

神原　さて次に議会と市民の関係、交流はどこまで実効的にすすんでいるのかにテーマを移します。廣瀬さんは議会への市民参加のあり方、中尾さんは議会制度に対する市民の信頼の問題点を上げましたが、議会と市民との関係でポピュラーになっているは議会報告会です。報告会は議会から市民への議会報告だけでなく、実質的には議会への市民参加として運用されていると思います。

先ほど廣瀬さんは五〇〇以上の議会が議会報告会を行っているという調査を紹介されたように、多くの議会が報告会を行い、いまや議会の慣行となっています。議会が市民と向き合う場が制度的につくられているのは画期的なことです。

一方、行政にも市民に対する行政報告会などがあるため、議会が行政と同じような報告会では新味がないとか、議会が独自に報告する事柄がないなど、手詰まり感が強まっているところもあるようですが、中尾さんはどのような印象を受けていますか。

中尾　議会報告会に参加する市民が毎年減少してきているとの悩みを持っている議会が多いのは確かで、各地で世代別やテーマ別の設定など工夫していますが、定期に開催することが重要です。栗山町議会は二〇一四年三月で一〇回目（一〇年目）の報告会になり、住民は議会報告会と行政が行う行政懇談会とは区別できていると思います。議会という機関がどういうことをするのか住民が理解するようになってきたと思います。

不特定多数の住民と定期的に開催する議会報告会は、議会が機関として持つ重要なインフラと考えています。

神原　廣瀬さんはいかかですか。

廣瀬　手詰まり感は広がっていると思います。来るのは同じ人で高年層に偏っている。一方、議会の側がこのように報告会では話さなければと思い込んでいるあり方と、住民が議会に聞きたいと期待することとのすれ違いがあります。

住民は、どんな議論をして、何がポイントになって、そのような意思決定になったのか聞きたい。しかし、議会は機関として承認したので、決まった内容を説明しますという報告会であれば、それなら行政から聞けばいいので、議会報告会にはもう来ないというのが住民の反応です。
議会しか報告できないことは何かをもう一度突き詰めて考える必要があると思います。

神原　江藤さんいかがですか。

江藤　課題はたくさんあると思います。神原さんが議会報告会が市民参加の場といったように、議会への参加は多様に考えることです。栗山町議会のように参考人制度、公聴会制度、請願・陳情制度を位置づけた議会本体への参加とともに、議会報告会のように議会が外に出かけていき不特定多数の住民と議論するようにしたのは画期的なことです。さらに、団体やグループと意見交換する「一般会議」で議論するなどの多様な参加制度が構想され、実践されています。

今後は、議場への参加と外への参加を体系的に構想して使いこなすことです。また、行政が開発した市民参加の新たな手法、例えば公募制や抽選制、さらにワールド・カフェなども活用してよい。議会への市民参加を体系的に位置づける必要があります。

問題の一つは、決定した事後報告だと行政報告会と同じですから、議会だよりや行政の広報を見ればいいことです。議会でどんな議会議論してきたのか、そこを明確にできるかが課題です。

さらに、これら事後決定だけでいいのか。これは長との緊張関係の課題になりますが、政策をつくりだす素材として活用すべき広聴の側面が組み込められるかだと思います。住民も報告だけ聞いてもおもしろくないはずです。

またそろそろ「報告会」という名称も変えるべきだと最近いっています。議論した事後報告だけでなく、住民の声を聞きながら政策化して、執行機関と政策競争を行い、それがどうなったかを中間報告や最終的な結果として報告すれば、議会として意味のあることだと思います。課題は多々ありますが、乗り越えようとしている議会は出てきています。

中尾　栗山の報告会は議会独自・単独で行うのではなく、地域の町内会や自治会との共同開催です。各会場は一緒に準備し、開催当日は、最初に町内会長、自治会長があいさつをしていただいています。そして住民の意見などは、本会議で報告会の報告として、報告第何号というかたちの公式なものにしています。住民の意見を聞いただけにせず、意見を議案と同じように扱うことによって信頼関係を築くことが必要です。

神原　中尾さんがおっしゃった点で、表現が適切かどうか分かりませんが私は市民と議会の関係を以前から「市民と議会の双方向性の確立」といってきました。ですから、議会から市民へ、市民から議会へという二つの流れをつくることです。これは市民が主催しても議会がやってもいいし、共催でもいい。

栗山町議会の場合は、市民からの要求があれば議会報告会とは別に意見交換の場を設けていますから、双方向性が当初からつくられていました。

議会報告会を活性化させるために

神原　議会報告会で、議会が決めたことを報告するだけなのでおもしろくない、という声をよく聞きますが、それは突き詰めていえば、行政とは異なる議会の独自活動の報告がないということです。もっと突き詰めれば、議会が独自の活動をしていないということです。

たとえば道南の福島町議会は、独自活動として常任委員会でおこなった政策議論をふまえて政策提案をまとめたりして、「議会だより」に掲載しています。ほかにも議会は何をしてきたか、いまなにを考えているか、議員はどうしてきたか、実に多彩です。行政との争点は何かなどもよくわかります。

この「議会だより」は年四回発行され、議会報告会はこれを持ち寄って報告され議論するので話題にはこと欠かないようです。新聞が議会活動について間違ったことを書けば、「議会だより」で反論しますし、町長に対する問責決議のいきさつ、長が提出した条例案を議会での討議によって修正したプロセスなども詳しく説明しています。

中尾　議会が首長提案を否決したり、議員に不祥事等で議会が追い込まれとき、議会がかたまりとして住民に説明したくても双方向の回路が確立していなければできません。何か問題が発生してからではなく、日常的に双方向性の意見交換会、議会報告会を行っておくことが必要です。

名古屋市議会が一例です。議会が河村市長に追い込まれ、報告会を定めた議会基本条例を制定し、議会活動のためにこれだけの議員報酬と議員定数が必要と説明しましたが、市民の反応は厳しく遅きに失しました。

神原　福島町の「議会だより」をみると議会の活動はほとんど分かります。読んでいて非常におもしろく、ここまで取り組むと話題性があり、しかも市民生活に身近に関わる問題ですから関心も高まってくる。要するに、独自の活動をしていなければ、報告することもないのは当然です。「活動なくして報告なし」というべきでしょう。

江藤　先ほど事後報告だけではおもしろくないといいましたが、まず議会だよりを情報共有のための共通の素材にして再度確認し、課題があれば住民から意見をもらうことが事後報告の大事なポイントです。

論点がずれるかもしれませんが、議会報告会に来る人たちは、関心があるので大体きますが、住民は多様なのでいろいろな仕掛け、住民参加の手法によって住民の声は変わってきます。その声を聞いて政策化していく課題があります。もちろん議会報告会は議会の水準が低下したときに住民による批判によって、水準を上げ維持していく機能もあります。議会報告会は重要ですが、それだけではない住民の多様な声を聞き、調整し統合していく手法も考えていく必要があります。

議会基本条例以前と以後の議員に意識の差がある

神原　議会基本条例がスタートしてからの八年間は、議員の任期だと二期に相当します。そうすると基本条例以前の時代の議会のなかで過ごしてきた議員はまだ多いと思います。そうした議員は基本条例を制定してもなかなか従前の慣習から抜けきれない。しかも改革の中心的な役割を果たした議員はだんだん去っていく。一方、基本条例制定後に議員になった人は、制定時の熱い想いは持ち合わせていない。世代交代がすすむなかでこうした世代間の違いは、今後の展望としてどう考えるべきでしょうか。

廣瀬　違ってきていますね。議会が議決権を有していることを行政（首長）との取引のカードとして使えるので、何らかの要望を実現するための資源として使おうという発想が従来型の議員には多かった。一方、最近の議会では当たり前になりつつある、機関としての議会が市民と対話をするとか、議会が政策を提案するといったことを、議会の本務だと感じるかどうか、それを当たり前の議会活動のイメージとして持っているかどうかは大きな違いです。

ただ、日常的な議会の会議の組み立て方、会議の手前でどういう準備があり、そもそも議案が確定して議会に出てくるまでにどういう調整があるかとか、議案の扱い方の調整をどこでやるかなどは、従来の前提に基づいた組み立てが残っているので、新しいイメージの議会活動を効果的に行うためには、そこの見直しが必要です。

一期目の議員は一生懸命ですが、議会の制度をどう使えば効果が上がるかをつかむまではなかなかいかない。二期目の後半くらいになると相当できるようになり、三期目あたりが議会の慣行になれすぎずに制度を使いこなす、と評価する人が多かったと思います。そうしますと、栗山の基本条例から八年が経ち、多くの議会ではここ三～四年の間に制定しているので、新しい時代の議会に即した動き方、振る舞い方が定着していくためには、まだしばらく時間がかかるのもやむを得ません。

神原　基本条例の前と後で議員になった人の間に、振る舞いや意識の違いがあるでしょうか。

中尾　基本条例は議員を縛るという表現は適切ではありませんが、議員と議会の活動を厳密にルール化しているので、重たいものです。この条例の重みを熟知し、基本条例を生み出した当時の議員の思いが、条例後の議員に上手く伝わっていない面もあります。

ただ議会報告会は毎年必ず行われますし、住民との意見交換会などもあるので、住民が意見をいい議論する場があります。議会基本条例は住民にとっても重要で使い勝手が良いものになっていますので、若者や女性にも積極的に関わってほしいものと期待しています。

中学の公民教科書に議会基本条例が登場

神原　議会報告会の定着をはじめとして市民と議会の関係が様変わりし、相当活発に自己改革をすすめている先駆議会も多々ありますが、市民一般の議会像を変えるまでにはなっていない。市民と議会の間にはまだまだ埋まらない溝があります。その典型は議員定数と議員報酬の問題です。定数も報酬も削減するのが議会改革というマスコミ報道が結構ありますが、そうした認識とは別にこの問題にどう向き合うかで議会の見識が問われます。

議会が活発に活動しはじめていると認識しながらも、議員の数は少ない方がいい、報酬は少ない方がいい、という市民が多分まだ多数派でしょう。しかし、政策議論をするためには、一定数の議員は最低限確保しなければならないし、報酬もそれ相当のものを考えなければ議員のなり手がいなくなる。市民の議会観というものはどの辺りまで変化しているのか、まだまだ時間のかかる問題なのでしょうか。江藤さんどうでしょう。

江藤　難しい点ですが、議会改革の起点から八年しか経っていないことをどう見るかだと思います。議会人は現場で実践しているので方向性はみえはじめていますが、住民は中央集権の流れのままの思考にある人も少なくない。行政主導というかたちで首長に関心が向いていく。数年前までは約六割が地方議会に不満だといわれていたのが、少なくなったのかは難しい課題です。ただ、地方議会だけが不満を持たれているわけでなく、国会議員、官僚、地方の行政への不満と不信がありますが、身近なところが批判を浴びるような不満が蔓延しているのは、地域の民主主義としては問題です。

一気に解決することなかなかできませんが、栗山町議会の議会報告会に来ている人たちは、町議会を信頼している人が信頼していない人より多いというアンケート結果があります。議会が住民の前に出て姿を見てもらうことが、信頼関係をつくることになると思います。

また議会報告会では、権限は首長ではなく議会にあることを知らせる機会にすることです。長期的には議会報告会や様々な住民参加の場を使い、さらには小中学生への教育を議会として行う、市民教育を充実させる時期にきています。形式的には議会に権限はありますが、それが行使できなかった日本の政治文化を大きく変えていくことをしていかなければ、すぐには市民の信頼を得られません。

神原　子どものときから身近にある議会がどういうものかについて学習していれば随分変わってく

ると思います。地方自治全般についてそうですね、高校生の教科書でも若干の制度解説をしているだけで、市民が身近な問題解決のために使う自治政府、あるいは国政にも発信していく基礎政府という視点はありません。中尾さんは中学の教科書も使って自治の話をされているそうですが、初めて聞くという印象の人が多いのですか。東京書籍の『新しい公民』はよくできていますね。

中尾　中学三年生の公民の教科書は地方自治について詳しく書いています。住民自治、政治参加、議会制度、二元代表制などが的確に整理されていますが、自治体職員や議員の地方自治の知識と理解は、教科書のレベルまで整理されているのでしょうか。

神原　この教科書の第一章「私たちの生活と現代社会」、第二章「人権の尊重と日本国憲法」、そして第三章が「現代の民主政治と社会」ですが、その第三章第一節「現代の民主政治」の最初は「市長になって考えてみよう」と身近な問題からはじまります、そのうえで第二節が国の政治、第三節が自治体の政治と自治です。それぞれに一七頁、一二頁を割いていてバランスもいい。また栗山町議会基本条例の前文も掲載されています。

中尾　そうですね。教科書の最後は「私たちの政治参加」の項があり、私たち団塊の世代が子どものころは、政治はプロが行うもので政治から距離を置くことを親から教わったような気がします。自治体への政治参加も積極的にできるようにするため、民主主義に対する理解を深める、江藤先生がおっしゃるように政治文化を変えることで、お任せ民主主義から脱却できるかにかかっていると思います。

多様な回路をつくることで市民の議会観が変わる

神原　議会報告会の場の人数は少なくても、必ず開く、続けることが大切です。また議会の活動を市民に見てもらうために議会モニター制度をつくり、市民からいろいろ問題を指摘してもらう。議会基本条例をふくめ議会改革の課題を諮問会議のようなかたちで見直していく場に市民も加わってもらう。議会活動の状況とその変化、改革の課題を広く学習できる場に市民もどんどん入ってもらい、オピニオンリーダーになってもらうとよいと思いますが、そういった点の議会活動は廣瀬さんどうでしょうか。

廣瀬　市民のなかのオピニオンリーダー層が議会に直接参加するチャンネルを増やし、涵養していくと間接的に効果を持っていくと思います。議員の定数や報酬については必ず改革のメニューに上がりますから、公聴会やアンケートをしたときに一般的には減らせという意見・回答が圧倒的に多い。

しかし、議会と市民の接触のチャンネルが多いところではしばしば逆のことが起きます。議員を減らせばいいというものではない、なのにどうして減らしたのかと批判が議会報告会で市民から出たりします。責任ある意思決定をするために、一定の専門的な知識を有した人材を議会に確保する必要があるのだから、いまの報酬は低すぎるのではないか、という意見も出てきています。

行政の執行が滞れば住民生活に影響しますが、自ら仕事をする役割ではない議会の機関がなぜ必要なのか、自治体財政の比率では大したことはありませんが、絶対額として庶民感覚はそんなに額が必要なのかと捉えると、何のために二つの機関を持たなければならないのか本質的な必要性を理解している人は少ない。

この点について分かりやすかったのは栗山の議会報告会でのある住民の方の発言でした。近隣自治体の議員が、行政が行っているタウンミーティングと議会報告会では異なった情報が出ていて、同じ町から異なる二つの情報が提供され住民のみなさんは混乱しないのですか、どう整理していますかと質問がありました。

これに対して、「私たちは二つの選挙を行い、長と議会の二つを代表として選び役割分担をして仕事をしてもらっています。役割が違えば目の付け所も違うので、違うことをいうのは当たり前です。異なる両方を聞いて判断できるので私たちは幸せなのです」とある住民の方が応答されました。一つの見方しか説明を受ける機会がないのと、二つの異なるものの見方で説明を受ける機会があるのとでは雲泥の差があり、そのためにもう一つの機関である議会があるのは幸せなことであると。

ここに二元代表制の本質が表れていると思います。こうした認識が一般的に広がり、伝えられているかというと難しい。伝えるのが私の役割であると思っていますが。

神原　これまで議員報酬については、首長側の付属機関として報酬等審議会をつくり、町長や副町長などの特別職そして議員の報酬を検討しています。

福島町では議会議員の報酬を、長が委嘱した審議会委員で議論できるのだろうか、議会の活動を知らないのに何を基準にして議論するのだろうか、と懸念が示されました。そこで、議会基本条例に基づいて設置している町民参加の議会改革検討諮問会議のなかで議員報酬を検討することになり、議員の活動日数を精査して、常勤の町長ら三役の給与に対比させて計算する方式をつくりました。この改革案を報酬等審議会が受け入れました。

一般的な傾向として、現在は、首長報酬はこの額だから、議員報酬はこの程度でいいのではないか、という丼勘定的なものから、現行の額を一応の目安として、ある程度、自動的・継続的に計算し使える方式に変わりつつあるのではないでしょうか。

江藤　特別職報酬等審議会は、議会の「お手盛り」を防ぐという意味でつくられた。かつては合理性もあった。しかし、報酬等審議会だけですべてを決めるわけにいかないので、議会の活動等を示して審議してもらう。その際、議会本体の検討会や研究会などで基準を設定して検討し提案することは、福島町議会や会津若松市議会をはじめいくつかの議会で行っています。住民が議会の厳しい目を持った支援者になっていかないと、議論する素材を示してもなかなか通らない。二元的代表制の意味を理解している住民はまだまだ少ないので、理解を広げていくことが必要です。

報酬や定数を議論する場合、議会のことを知らない住民と、議会のことを一年、二年みた住民が議論するのとでは議論の内容はかなり違います。十勝管内芽室町《めむろちょう》では一年から二年間議会モニターとして議会運営をみた住民が、翌年に報酬等検討会のメンバーになって議論しているので、議論の内容がまったく違い、充実した答申になってます。住民が参加する場合、議会・議員の活動を知っているかがポイントです。また、長野県飯綱町《いいづなまち》では各集落から五〇名以上が議会だよりモニターとなって議会を理解してもらっています。そこから議会だよりをはじめ議会と行政への意見をもらっています。そういう仕掛け、住民が議会をみる。あるいは参加する機会を広げて行くことが大切ですね。

まだまだ課題はたくさんありますが、市民と議会の関係の改革に努力している議会が多々あることを確認して、次のテーマに移ります。

3　議員間の討議はすすんでいるか

議員間討議をすすめるためにどんな工夫が必要か

神原　議員相互で自由に政策の議論をする問題です。市民は議員同士で討論していると思っていますが、議会では長と議員のやりとりはあっても、議員間の討論はほとんどない。長に質問をして答弁をもらう議会から、議員間で自由に討議する議会へ。これが市民参加に次ぐもう一つの基本にならなければならないのでないか。

しかしこれは、市民参加以上に難しいと議員はいいます。なぜ、難しいのか。議論の末に論点を整理する、何かを決める、あるいは提案するという行為が議論の出口で予定されない限り、そもそも議論の必要が生じないわけです。単なる意見・情報交換のしっ放しで、まとめる・決める・提案することを一切やらないなら、居酒屋さんでやればいいのです。

たとえば六人の議員が委員会に所属していて、あるテーマで議論すれば必ず論点を文書で整理する。メモ程度でも短い文書でもいいから必ず論点を整理・公開する。このまとめる行為があれば議論が成立します。執行部の提案でも、説明後は委員会として議会として提案の何が問題か必ず議論して論点を整理する。この習慣がなければ、結局は議員個人対長の質問・答弁だけに終わってしまいます。まさに「議員あって議会なし」です。

江藤さん、各地の議会は議員間の討議をどんな工夫をしていますか。

江藤　たしかに議員間の議論がないのは変なことですし、討議とは元来自由なものですから、自由討議とは業界用語だと思います。

これまで会派の代表質問や一般質問は、議会としてまとまりがない前提で運営してきたものを、議会はかたまりとして、「人格を持った議会」として作動するためには議員間討議が必要です。そのときに論点を明確にするとともに、まとめあげることの合意形成になります。ただ、政治は合意が形成できないときもあるので、少数意見を明記するのも今後のためには大切なことで、それも議員間討議によって可能となる。

いままでやっていなかったので難しい点もありますが、事例としては岐阜県多治見市議会がありま す。総合計画の素案が提示されると特別委員会を設置し、執行部側が議員の質問に答えるとともに、議員間討議を行っています。たとえば特別委の委員長がこの案については重要な点なので、これについては議員間で討議をすることを提案して行っています。そこで、論点を整理し、提案者の執行部側は議会でまとめたものは持ち帰かえることもやっています。議員間討議によって論点を明確にして提案していくためには、ルール化と委員長のリーダーシップが必要です。これが制度化されれば議員間討議が当たり前のようになってきます。

今日、議会基本条例の制定自治体が五〇〇になっている。この制定にあたって、議員間討議がないとは考えられません。その議員間討議の面白さを実感したはずです。それを広げれば良いと思っています。

神原　中尾さんは、議員間討議がうまくいっている議会をご存じでしょうか。

中尾　栗山町議会事務局長当時は議員間の議論があり、意見書、決議のときはよく議論がありました。先例や慣例の変更については相当の議論があり、議員自身に関わりのある事柄だと議論は活発です。一方、議案について、委員会委員長から審議経過の後戻りでもいいから、一人ずつ意見を述べてほしいと促せば、そこから議員間討議はすすみます。議会として議案審議をし、最終的に可決するかもしれないし、あるいは修正するか、否決するかもしれない。議案審議とはそういうもので、可決、修正、否決いずれになるか分からない、という議会でなければ議員間討議は難しいのかもしれない。結果が分からない、先の不透明な緊張感のある議会運営が必要です。

廣瀬　たとえば委員長報告の中で必ず論点、争点は何で、どういう意見がでた上で意思決定したのかと明記することにすれば、自ずと議論が生まれると思います。現状では多くの議会で、質疑があったことは書かれるのでしょうが、結論がでた後で質疑をした議員と調整をして質疑で扱われた論点を書いているのが大半だと思います。

そうしたやり方ではなく、委員会としての意思決定をする前に質疑が一段落したところで、この間の委員会の質疑と議案に対する審査内容を委員長報告にどうまとめるか議論をすれば、議会として報告しなければならないことは議員にしか書けないので、当然議員間の議論になります。そうすれば、長の提出議案についての委員会審査でも議員間討議にならざるを得ない。

これに近いかたちなのは兵庫県宝塚市議会の委員会だと思います。論点整理の時間を設けていて、委員会質疑を通して明らかになった論点、争点はこれで、議員間討議としてA議員意見、B議員意見があり、その後表決の結果、原案可決、修正、否決という結果が出てくる。議員間討議をしないと次の段階にすすめない手順を委員会の審査のなかに組み込むことです。

議員間討議がなければ市民・長とのよい関係がつくれない

神原　福島町議会では、長提案の議案は委員会に付託しないで本会議で議論をします。常任員会は議会独自の政策調査の場と位置づけています。したがって委員会は基本的には議員間討議の場になります。

その本会議では、個々の議員が質問するだけでなく、議長が議案について論点を提起し、それに沿って議員が議論しています。委員会は、たとえば総合計画の重要項目を評価するときは、このまま継続するのか、修正するところはないか、廃止は必要ないか、新しく提案するものは、と四つの観点から議論し、最後は委員会でまとめたものを執行部に提出して改善を求める。これは政策提案ですね。議員の間で議論しないとできません。

こうしたやり方は他にも波及し、たとえば条例提案されると、議会独自に条例原案の論点はここにあると整理し、それに基づいて執行部は再度修正した案を出す。それを何度か繰り返して議会と長の合意が形成される。

この場合大切なのは、議会が長をいじめて、会議を紛糾させているのではないとみんなが認識することです。新聞はすぐ「紛糾」と書く。すると市民は「何とか仲良くやって」となる。これではいけません。やはり熱い議論があって、最後に議会と長の「共同作品」としてよいものができる、という認識をもたなければなりません。

江藤　いまの例は長との関係のなかで、議会としての存在意義を出すためには、議員間討議をしないと長との関係がバラバラになってしまう。それでは、長主導を継続させることになる。機関として、人格として議会が存立し活動するためは、議員間討議が必然ということが一つ。

同時に、市民との関係でも、バラバラに市民に聞くのではなく、議会の意思を示していかなければならない。市民から出た意見を議会として受け止め、政策を創り出し決めていくために議員間討議が必要になる。議員間討議を作動させないと、市民とのよい関係、長とのよい緊張関係も創り出せないですね。

神原　いろいろ市民から意見を聞いても、その市民意思の取捨選択をふくめて議員間討議しなければ、市民意思を反映させることもできない。だから後でまた議論していただきますが、議会への政策市民参加、議員間の政策討議、長と議会の政策緊張の三つは連動しています。

中尾　議員には議員同士であなたの考えはここが違うと指摘し合うことを避けたい気持ちがあるように思えます。

神原　意見や考えの合わないことが出てくるのは当然です。それが議会の利点で、だから議会は多人数の合議制機関なのです。それを避けるならそもそも議会は成り立たない。議員個人に加えて、会派のある議会はとくにその傾向が強くなります。合意事項からはみだした意見も論点整理においてプラスアルファとして表現すればいい。多様な考えがあることが前提となって、議会は討論の広場、したがって論点の広場なのです。

廣瀬　討論は採決における自分の立場、基本的にはこちらが正しいと主張をするための発言ですから、その延長で考え対立的で議員間討論をすると喧嘩になるイメージになります。議案に対する委員会としての結論をどう説明するかの相談と考えれば、喧嘩にならないはずです。委員長は全体の論点、争点のバランスをとって委員長報告をし、個別の委員はこう考えたが全体の結論はこうなったと整理すればいいと思うのですが。

市民の意見を起点に政策サイクルを回す

中尾　議員は議員間の話し合いが苦手なのですが、栗山町議会ではいろいろな議論がありました。参考人制度を活用し市民の意見を聴いた場合、その意見をどう評価するか議論し結論をださなければならない。議員間の討議には市民を媒介とする方法も良いのではないかと思います。

神原　次のテーマに移るまえにいい残したことがあればお願いします。

廣瀬　市民参加の関係で、会津若松市議会の広報広聴委員長は次のようにいっています。市民との交流の場ではいろいろな意見が出てきて、各議員が個別の判断で反応してしまうと、議会のなかが混乱し収拾がつかなくなります。今回はこの目的のために市民の意見を聞くのだから、議会の考えがまとまっている範囲はここまで、ここから先はいろいろ見解があり分かれており、議会として判断するため市民の話を聴くのがこの場のテーマで、議会内については多様な意見があると伝えるにとどめておく。そのための整理を議員間で議論して議会の構えを作ったうえで市民参加をすすめる。次の段階に移るときは、次の構えを作ってから行う。ここを丁寧にしなければ火傷をしますよということです。これは市民参加を行うためには議員間討議が不可欠だということだし、その必然性は市民参加を続けていくと実感するといっていました。

神原　「討議デモクラシー論」を援用しますと、市民と向き合うのを一回ですべてすませようとするとかなり無理が出てきます。一回は聞き役に徹するかもしれませんが、さまざまな意見を聞き、地域ごとの開催であれば地域の意見を持ち寄って、全体で整理した論点をもう一度情報化して市民に戻し、さらに意見を聞いてから議会としてまとめる。全体の状況を知れば、市民の意見や意思は変わるので、確実性の高いものに収斂していくことです。情報公開を前提に討論によってよりたしかな意思が形成されることをふまえた試みですね。議会も同じで、議会内討議デモクラシーを試みるべきです。

江藤　関連していえば、市民の意見を起点にして政策サイクルを回していくのが私の基本的な考えです。そこで発言をする住民の声や陳情・請願はとても大切ですが、そこからこぼれている意見もあります。それを議員や委員会が議会としてどう受けとめるか、サイレント・マジョリティといわれる意見の受けとめ方の課題があります。起点となる市民も討議によって意見は変わるし、そもそも市民も多様化しており、どの時点どの市民の意見をとりいれるか、その説明責任も残されている課題です。

会津若松市議会は政策討論会分科会を設置して、議会からの政策サイクルを回しています。ここの議会は、委員会は個別の付託案件を議論するだけで広げられないという解釈をしていて、また議員間討議を重視するために、政策討論会分科会を活用しています。解釈の違いもありますが制度設計のポリシーを明確にする必要性があります。

議員間討議を行って、地域の重要課題を明確にして住民に投げかけ、住民とともに調査・研究して予算化や条例化につなげている飯綱町議会の動向も重要です。

4　議会と長の関係はどう変化したか

政策提言活動は拡大したが条例提案は少ない

神原　議会の役割に関しては、観点を変えればさまざまな類型ができますが、ひらたくいえば市民意思を代表する機能、行政活動を監視する機能、議会自ら政策提案する機能、自治体意思を決定する機能などでしょう。

議会基本条例を提案した当初から考えていたのは、これらの議会機能を充実強化することですが、最終的にはこうした議会の機能強化が、自治体運営の他の主体たる市民・長・職員に影響を及ぼし、議会をふくむこれら主体の相乗作用によって、政府としての自治体の力量がアップすることにつながらなければならない。すなわち、「議会が変われば自治体が変わる」ということですから、議会改革が及ぼす影響の範囲は議会の内部にとどまるものではありません。

そこで、次に議会改革は長との関係でどのような変化を呼び起こしているのかについて議論したいと思います。

議会が市民の代表であれば市民の声を聞く、聞いたことをふまえて政策を議論する議員間討議、そこでまとめた政策を長と議会の間の政策ルールにのせる。そこで長と議会の関係がどうなっているか問題になってきます。

議会の政策提案、あるいは条例提案は増えているのだろうか。廣瀬さんは毎年、市民と議会の条例づくり交流会議を行っていますので、状況を教えて下さい。

廣瀬　議員提案ないし委員会提案した政策条例の制定が増えていることは確かですが、議会基本条例の制定数や議会報告会の広がりに比べると圧倒的に少ない。以前より少し増えはじめましたが、ごく少数の議会しか政策条例の立案、提案をしていないという状況はあまり変わっていません。一方、もう少し枠を広げて、政策提言というかたちの議会活動であれば、広がっています。

ただ、議員提案の条例がないのは恥ずかしいという感覚が広がりつつあるので、議会として比較的手を付けやすいものに取り組む例がまず目立ってきているといえるでしょう。例えば「乾杯条例」です。財政的支出をともなわず、悪いことではないと容易に合意できる。他には、自転車の安全、歯の健康についての条例などがあり、理念や心掛けといった内容で、これらは反対意見があまり出てこないものです。具体的な政策や執行をしばらないので制定しやすい。
　他方、実際に規制行政をやろうとする議会も極少数ですがあります。たとえば三重県議会は飲酒運転を防止する効果をどう高めるか、食品の安全をどう確保するかなどに積極的に乗り出しており、個別の議会では進化しつつあります。

神原　戦後の日本の自治では、国の官治集権に組み込まれた長が自治体運営全般について主導権を握ってきた。議会は脇役に置かれてきた。分権時代になると法定受託事務もふくめて自治体の事務すべてに議会が関われるようになった。客観的にそういう状況になってきているのですが、依然として政策形成は行政が中心で、さらに総合計画の策定は執行権に関わることで議会が関与すべきではない、などという意識すらいまだに残っている。
　議会の努力だけで切り替わるかというと、いまなおつづく官治集権の歴史を背負っているので簡単ではないが、廣瀬さんのいうように徐々に変化が出てきているということですね。栗山町では「総合計画の策定と運用に関する条例」の制定は、議会が主導して実現した画期的なものです。政策の基本枠組みである総合計画に長と議会が向き合うシステムが構築されたわけですが、中尾さんはどうようにみていますか。

中尾　八年間議会事務局にいて、議会報告会の実施、議会基本条例の制定とつづき、当時の橋場利勝議長はじめ栗山町議会全体が大変だったのは総合計画に対する議会としての取り組みでした。議会基本条例を制定したからこそ、総合計画の必要性を提起し取り組まざるを得ないものです。

橋場議長の就任当時、議員の質問が的を射ていないため町財政分析に取り組み、この蓄積があったので、基本構想の財政規律について議会と執行部の相違が明らかになりました。首長側は住民に少しでも夢を持たせたいので、事業費と支出が増える傾向になる。

議会は全員で基本構想の内容を一つずつ検証し、議会としての対案を考えました。対案は栗山町総合計画審議委員を介して、議会が検討した内容を提案するかたちで、議会としての意思を表明してきました。

財政規律を中心に考え、基本構想の項目毎に相違を明確にしていくことによって、執行部側は議会の対案を受けて各課にフィードバックして修正していきました。基本構想、計画に対して、執行部と議会の基本的な考え方の相違点を明確にしたことで、議会のかなりの仕事は終わったと思います。

多様な政策提案の方法を類型化する必要がある

神原　栗山町の総合計画条例が具体的にどう展開されるかは今後に期待したいと思います。議員や議会が政策を提案する仕方は多様にあると思います。従来型の質問を通してやり方を変えさせたり、新しい論点を提起するのも提案です。委員会として議会の政策意思をまとめて文書化された政策提案、また独自の条例案を作成しての提案。このように多様にあると思います。

ですから条例案を提案することだけが議会の政策提案ではなくて、軽い提案から高度な提案まで、多様な提案の仕方をもう少し類型化できるといいのですが。そうすれば議会の実質的な政策提案の姿がみえてくるのではないか。

江藤　議員、議会の政策提案、条例提案が少ないということから議論がはじまりましたけれど、議会の提案とは、執行機関との関係で政策条例を議員が出すことだけではない。マスメディアは条例提案数に着目しているので、議会がその期待に応えようとすると理念的な乾杯条例のようなものが多くなる。自ら条例をつくらない議会だと、執行機関の条例案を監視できないので、そうした議員提案の条例を否定するわけではありませんが、条例提案だけが議会の提案ではない。

質問の場、委員会提案、決議などいろいろあると思いますが、議員単発で行う議論ではなく、政策サイクルの中に位置づけることが必要ではないか。それは、住民の意見を起点にしながら、それを委員会で調査研究をする、政策討論分科会で研究する、それをふまえてまとめたものを委員会、議会として出す。議員単独や会派だけではなく、議会としてこれらの議論をふまえた上で、委員会としてまとめて提出して、決議をあげることが必要ではないか。こうした議論もふまえた上での議員の質問には重みがあります。

もう一つは、政策サイクルがつくれず個々バラバラで切断していては、首長と政策競争ができない。いま議論にあった財政規律であれば、予算と決算、決算から予算要望へという循環。条例を制定したあとの検証、さらに議会の議決は継続していくので、新しい任期の議会になっても過去の重要な議決を検証していく。一般質問を追跡質問していくことを制度として組み込むことです。たとえば山梨県昭和町議会だよりには「追跡質問　あの一般質問はどうなった？」という欄があり、質問後の執行部の対応が掲載されています。十勝管内芽室町議会でも議会だよりに「追跡！一般質問のその後」の欄があり、一般質問が町政にどう反映されたかを追跡しています。

財政、条例、質問など、サイクルを意識して作動させないと議会の役割を果たせないですね。

神原　議会が議員の質問もふくめて提案している事柄がその後どのように展開しているか、いまお話に出ていた議会だよりのように、記録して伝えるかたちにするのは大事ですね。芽室町議会の「追跡」は大変よい試みです。

江藤　議会だよりですから、議員個人ではなく、議会の広報委員会等で重要なことをピックアップして追跡しています。その他、青森県佐井村では議員個人で六カ月以内に質問したものなら、事前通告なしで追跡質問をしていい制度があります。これは議事録に記載されます。同時に、執行機関側からの「検討します」などのような、あいまいな答弁ができないようになっていることは大きな転換です。

長に課した政策説明は活用されているか

神原　大方の議会基本条例は、長が議会に対して計画や政策を提案するときに、説明責任として負わなければならない項目を規定しています。政策の発生源、検討した代替案、他の自治体の類似政策との比較検討、政策の総合計画における根拠または位置づけ、政策実施の財源措置、将来のコスト計算等を説明することを長に課しています。これらは努力規定ですが、最初はともかく、いつまでたっても説明項目を満たしていない提案を議会が可決していると、長のみならず、議会に対しても批判の矛先が向いてくるでしょう。

しかしこの規定を上手く活用している議会は少ないようです。福島町議会では、たとえば長が提案した企業振興条例案に対し、基本条例に定めてあるこの項目にもとづいて議員が質問したところ、条件を満たしてないことが明らかになり、そこで議会の提案を取り入れて修正可決しましたが、このような活用は希なケースです。

また福島町では、予算のとき、新規事業の場合にこうした項目にもとづいて説明する書式がつくられています。

ここは長との関係を規定する議会基本条例の肝要なところなのですが、書いてあるだけで活用されていないケースが多い。活用している例はあるでしょうか。

廣瀬　埼玉県所沢市議会基本条例には同様の条文があり、それに合わせた提案政策の書式、フォーマットがあり、新規事業の提案については、フォーマットの内容を埋めることを市長に求めました。膨大な事務作業になるので当初市長は拒否すると考えたのですが、あっさり通りました。なぜなら、実施計画をつくるときの新規事業調書にほぼ同じ項目があり、あらかじめ行政では予算編成の前提として、夏に新規事業を検討するためにこうした資料を作っていたので可能でした。いまはこれを前提に議論することが定着しました。

行政のプロセスを検証してみると、こうした情報に基づいて予算査定のための資料を作成しているところは少なくありません。それを議会が知らずに、議会に提案され情報はこれしかありませんと説得されたとすれば、議会の勉強不足だと思います。

神原　予算編成の過程では当然のことなので、行政が情報を整理するのは難しいことではないでしょう。しかし市民参加の有無まではいってくると、やっていなければ書けないわけです。そこが狙い目です。やらせることで政策の質をあげる。議会はこの意味が理解できていないからあまり強くは求めない。行政も不十分な情報は出したがらない。

廣瀬　議会基本条例のこの条項は、あまり指摘されていませんが自治法一二二条「長の説明書提出義務」を具体化した条例であると明確に位置づけたほうがいいのではないか。自治法に基づいて長は説明書の提出義務を負っており、議会が審議し判断するためにはこのように説明書を構成し、こうした情報での説明を求めていると位置づければ、法的な根拠を有した条例の条項になります。議会が実質的な審査をするために必要だと主張していけばいいと思います。

江藤　予算との関係では、財源やコストは重要ですが、ポイントになるのは代替案だと思います。一つだけの提案ではなく、どのくらい代替案があるのか。課題について共通認識があっても政策手法はいろいろであり、とりまく環境変動によって変わってくる。自治体単独でできるのか連携が必要なのか、住民やＮＰＯはどのくらい関わるのか、法令的なしばりの程度など、様々な要素のなかで政策は決まっていきます。

提案の背後にはいろいろな政策選択があったはずなので、それをあぶり出して議会で議論すると、他にもっとよい政策が出てくるのかもしれない。一つの議案が良いか悪いかではなく、多様な政策のなかから精査して議論し、最終的な議決になる。説明責任はここまで問われることです。

議会基本条例に規定した意味は、議会は最適な選択の責任を果たしていかなければならないことです。やりきれている議会は少ないのですが、この条項がなければ議会の議決責任を果たせない。

神原 条例に示した六項目から九項目は、これをクリアしなければ行政、職員の政策能力があがらないことを意味します。ですからこれは単に議会だけの問題ではなく、自治体の政策の質を高めていくのに欠かせないことを、議会の側から規定していることなので、長は職員を督励してこれに向き合う。むしろ長は議会基本条例を議会プロパーの問題と対岸視するのではなく、二元代表制を運営するための条例だと認識すべきでしょうね。

江藤 議会基本条例は、議会運営だけでなく自治の運営を定めたものですが、長との関係ではその項目を入れるのは難しかったと思われます。

中尾 議会基本条例は議会がつくった議会のルールだから、首長も行政側職員も関係がないという思いが強い。当初、長の政策の説明項目を入れるのは相当難しく、首長側と随分やり取り、話し合いをして定めることができました。

神原 当時、橋場議長に町長とどう折り合ったのか聞いたのですが、やはり最初町長は抵抗していたそうです。そこで、議長が「どんな案件が出てこようと議会は毎回この項目の質問をしますよ、だったらあらかじめ条例で示しておいたほうがよいだろう」といったら、町長も同意してくれたということでした。

長提案に対する修正・否決が増えている

神原　最近は議会が長の提案を修正、否決する例が増えてきたように思います。かつては長の提案を否決するのはきわめて希なことで、首長の不信任決議と同様という受け止め方さえありましたが、不備なものは修正、否決して当然という雰囲気になりつつあると思うのですが。

廣瀬　議会による予算の修正が少しずつ増えてきており、実施を認められない事業が原案に含まれているときに、その事業分を減額修正する例が相当あります。議会は議決権、修正権をもってこの事業でよいか審査するわけですから、すべてが原案のままでいいはずはない。疑問に思いつつも、予算を部分的にも修正するのは大変なことだし、執行権の侵害になるのではないかなど心理的規制が働いた部分があったと思います。しかし、修正、否決は堂々とやって良い議会の権限だとの認識が広まり、部分的に納得がいかない議案について、その部分を修正するとの認識が広がっていると思います。

神原　中尾さんは長の提案に対して、議会が修正、否決する例が多くなっていると感じますか。

中尾　私自身が議会事務局長をつとめた八年間でいいますと否決した議案は二件、修正が七件あり、議会提案は二件ありましたので、否決や修正は議会としてとても重いのですが、責務でもあります。全国的には増加傾向にありますが政策提案は十分とはいえません。

道内でも今年三月、後志管内余市町議会と泊村議会で新年度予算を否決しています。否決の背景はいろいろあると思いますが、総体の予算が減少するなかで、従来のような政策はとれないということだと感じています。

神原　江藤さんはいまの問題はいかがですか。

江藤　議会と長は別々の機関ですから、首長提案を追認しなければならない理由はない。議案の修正、否決があり得るのは当然なことで、いままでなかったのが不思議なことです。中尾さんがいわれたように、説明責任を行使するためには、議論したり、調査研究する時間が必要です。いまの年四定例会の議会会期では、議論が切られてしまい、場当たり的な表決（議決）になりがちで、議会の説明責任の面から問題があります。通年的発想、四年間の通任期的発想の下で戦略的な議会運営を行わないと説明責任を果たせない。調査研究をふまえて議案審議にあたるということです。たとえば、提案前の素案段階から委員会などで調査を開始する。長の審議会メンバーと意見交換をしていく。事前の審査と調査を行うという流れ、いわば議会からの政策サイクルを創り出し、プッツン、プッツン切らないことが必要です。修正、否決だけをみるのではなく、説明責任の面と政策形成能力の面の問題としてみることです。

廣瀬　修正、否決の場面がどうしても目立つのですが、それが何故ときとして必要かと考えると、目指すべきは決定される政策の質の向上ですから、原案可決がほとんどだとしても、建設的、生産的な緊張感によって原案の質が向上することが重要です。そのためには、原案のままでは問題や課題がある場合に、的確に修正したり、否決したりする議決を行っていることが重要です。ある一年を通してすべて原案通り可決ということになっても、議会が仕事をしていないわけでなく、的確に仕事をしても原案どおりすべて可決ということもあり得ます。ただし、質のいい原案可決かという説明責任は問われています。

中尾　その通りです。議会の修正案が首長提案より市民にとって良いという確証がなければならないので、議会には相当の覚悟が求められます。修正は否決より難しいかもしれない。

議会の政策活動の主軸に総合計画をすえる

神原　これまでの議論にかかわってくる問題ですが、この二年くらいの間に総合計画条例が登場するようになりました。二〇一一年の地方自治法改正で「基本構想」の議会議決の条項が削除され、その直後の一二月に武蔵野市が「長期計画条例」を制定し、栗山町ではそれ以前から「総合計画の策定と運用に関する条例」を議会で検討し、二〇一〇年六月に詳細な内容をもつ議会条例案を公表しました。その後、町長が自治基本条例をつくる意向だったので、議会の条例案はいったん長が引き取り、自治基本条例との整合をふまえて最終的には町長から提案されました。このようなプロセスですが、一貫して議会が主導して総合計画条例の制定にたどり着きました。

武蔵野市は市民自治型の総合計画の原点といわれているように、四〇年にわたって継承してきた武蔵野市方式を条例化しました。さらに二〇〇〇年代になって、岐阜県多治見市がレベルの高い手法で総合計画を策定し、総合計画条例は制定していませんが市政基本条例（自治基本条例）で総合計画の原則を定めています。栗山町の総合計画条例は多治見市の計画方式に学んでいます。

これらの総合計画に共通しているのは実効性と民主性と継続性でしょう。そして計画の議決をはじめとして議会の参画が重んじられているところに特徴があります。従来の基本構想、基本計画、実施計画という三重層計画は議会が政策参加できるかたちなっていなかったし、実効性も乏しかった。そこでここ一〇年程の間、自治基本条例に根拠をおき、財源措置を重んじた計画にするなど、実効性を高める手法の改革が各地で行われるようになりました。

ここで詳しい手法の話はできませんが、たとえば事業の財源も明確にし、実施計画の期間が四年であれば四年制予算的な意味を持ち、個別の事業は先ほど出てきた政策上不可欠な要素を説明項目に組み込み、財源構成、目的、達成期間も明示した事業ごとの政策調書を政策情報として作成し公開する。こうした方式になっていれば、議会も事業の継続・修正・廃止・新設をめぐって具体的な政策の議論が行えます。

栗山町の総合計画条例のように、計画に記載されない政策は予算化しないという政策と予算の原則をしっかり立てなければ、行財政縮小時代の自治体運営は難しくなります。政策情報の作成と公開をふくめて実効性の高い総合計画の仕組みをつくる。これから自治体の政策活動はそういう方向に向かざるを得ないので、議会も総合計画に正面から向き合わないとまっとうな政策活動ができなくなります。みなさんの意見を聞かせてください。

江藤　実効性ある総合計画ができてきたのはここ一〇年くらいです。実効性のある総合計画が求められるように環境が変わってきました。分権改革のなかで自治体経営の自由度が高まるとその基軸になるものが必要になり、財政危機になると右肩上がりの予算を組むことはできないし、公共施設の老朽化により適切な管理をしていかなればならない。このような時代背景のなかで、総合計画という地域経営の軸が必要になって実効性ある総合計画は、時代が呼び起こしているのでしょう。まさにこの時期に、規制緩和・廃止の文脈で基本構想の義務化が廃止されました。地域経営の軸として明確に位置づける条例制定が焦眉の課題となっています。

神原さんがいうように、総合計画を中心に組み立て、計画策定を条例で定めるのはその通りだと思います。そして議会が関わるだけでなく、地域経営の軸ですから、住民と議会と行政の三者で総合計画をつくり、実行するときも三者が関わっていくシステムとして考えていかなければならない。

私は行政の政策サイクルと同時に、議会の政策サイクルも重要だといっていますが、議会がすべてのことに関わるのは不可能です。議会の特徴は執行機関の執行論理に対して住民の視点、また執行機関の縦割りに対して合議体から総合性、そして議会事務局の体制もふくめ資源が少ないこと、これらの議会の特徴を考えると、何らかに限らないと無理です。そのときに中心になるのは総合的な視点からの総合計画であり、総合的な視点からみて行政からこぼれているニッチ、隙間的なもの、この両者です。まずは、総合計画を中心に関わっていくことですね。

総合計画の策定と運用の手法を革新する

神原　総合計画条例は、総合計画の策定と運用の要件や手続を定めるもので、計画そのものを条例化するわけではありません。総合計画条例や総合計画策定条例をインターネット検索するとたくさん出てきますが、これは従来長が設置していた総合計画審議会設置条例を改正して、基本構想・基本計画・実施計画を策定するという文言を追加し、あわせて条例の名称を変えたものです。総合計画の策定や運用の手法は何も変えていない。これでは総合計画条例とはいえない。

この点でも栗山町は先陣を切ったと思います。議会基本条例に基本構想と総合計画の議決を規定した当初から　議会は総合計画にかかわってきたのですね。

中尾　そうです。先ほども触れたようにそのときから基本構想、基本計画に議会が関わるようになりました。実は議員のみなさんは、議員の任期を超える期間の計画にあまり熱心でない面もあります。今後、八年、一〇年の総合計画に積極的に関わるといっても、次の選挙の任期を超える期間になるので、自身の責任の範疇を超えるとの考えが無意識にあったものと思います。とはいえ、中長期財政問題調査特別委員会を設置して財政分析をすすめていたので町財政が相当厳しくなっていることが分かり、議会として基本構想、総合計画に関わらなければならないとの共通認識が生まれました。

現在、執行部は予算提案の前に基本構想・基本計画の一部変更についての議案を必ず提案するので、議会は審議しなければならず、その面では計画の議論がルール化されたといえます。たとえば自然災害が起きて一般会計予算を補正する場合でも、先に基本構想・基本計画の一部変更についての議案を議決してから、補正予算を審議する順序になり、ルール化されています。

神原　栗山町の総合計画条例には、計画期間中の新規政策や既存政策の修正の必要が生じた場合でも、計画外で事業を行うことはせず、それを計画に取り込んで議会の議決を経て計画事業として行う。つまり、総合計画の外では政策を行わないという原則ですね。多治見市市政基本条例と武蔵野市長期計画条例でも、市が実施する政策は計画に根拠を置くと明確に定めています。このように、政策は計画に根拠を置き、その策定は市民参加・職員参加をふまえて長と議会が決定するかたちがしっかりできれば、議会の政策参加をふくめて自治体の政策のあり方は相当変わっていきます。

中尾　そこで重要なのは、行政、議会、住民の三者のなかで住民が役割を果たせるかです。議会と行政のやり取りだけ、あるいは従来型の総合計画審議会のみしかなければ無理が生じてきます。

神原　計画期間の前期四年か五年は財源確保をふくめて実施の見通しが確実な事業をまとめた実施計画と、将来必要になると想定した四、五年以降の展望計画に分ける。総合計画の策定と次の実施計画をつくるときは長の選挙公約（マニフェスト）を組み込む。当然、策定・改定のときは議員・議会も議論に参加するので議員・議会の政策提案も反映できる。もちろん市民参加・職員参加を行いますから、こうした仕組みをもっていれば市民・長・議会・職員のすべてが参画した総合計画の策定・運用ということになります。

そのために大事なことは、一つ一つの計画事業が政策情報としてきちんと公開されていないと、計画の実効性はもとより、市民・長・議会・職員の参加も実効性をもち得ないということです。しかし、この情報公開をやっていないところが多い。栗山町は総合計画条例で情報を開示しており、芽室町は議会の要請で情報が開示されることになりました。ここから計画のあり方を変えていかないと、議会の政策提案にも結びついていかない。

福島町の議会報告会で町民から意見が出されますが、その場では実施するとも、できないとも決められない。けれども次期総合計画の策定が迫っているので、そうした町民の意見、議員の提案もふくめて議会で検討し、結果をまとめて総合計画策定に向け一〇〇項目近く政策提案しています。福島町議会は総合計画に向き合いはじめています。

中尾　前半五年の計画は当然固いものです。その後、いろいろな住民要望を反映させるためには計画の変更が必要になるので、結構ハードルが高い。

江藤　総合計画を軸に動いていると、住民からの声を聞きながら総合計画の改定にも向かう。こうした視点からは次期計画だけではないですよね。

中尾　前期計画は災害など緊急性の高いもの以外は原則加えないが、とても難しい時代でもあり、ある程度柔軟な対応も必要です。

江藤　政策サイクルの議論で、まずは総合計画に基づき政策をチェックしていく。決算認定を明確にするため行政評価をしっかり行い、決算認定から予算要望につなげていく、これは長野県飯田市議会のやり方ですが総合計画を軸にしながら評価していく。これは重要なことです。

総合計画が軸ですが、計画は状況によって変わるものです。議会が変更する場合は委員会で議論、討議して変えていくことになり、計画を変えるという思考も大切でしょう。

神原　国が緊急経済対策などで補助金をばらまき、自治体はお金がきたからといって思いつきで総合計画外で事業を行うことが多かった。これでは計画の体をなさない。今後はそうではなく、緊急経済対策の補助金や交付金などは、計画事業の修正、新規、前倒しなどで総合計画に取り込んで、誰がみても分かる一望性のある政策運営を行うことです。

江藤　固いものだと現実に合わなくなることがあり、総合計画を軸にしながらも柔軟に修正する。多治見市の総合計画をめぐる対応は一つのテキストでしょう。

自治法改正で基本構想の議決義務を削除したことの意味

廣瀬　思いつき、ばらまきに対して、全体の一覧性のあるマネジメントが一つ。もう一つは縦割りとの関係です。どの自治体でも数十の分野別行政計画があり、これを全体として束ねる枠組みをつくるとすれば総合計画しかありません。

二〇一一年の自治法改正の趣旨や意義をどう捉えるかですが、これは自治法だけの改正ではなく、二〇本ほどの行政計画に関する条文も廃止されましたが、基本構想に即してつくれという条文の法律が三つ残っています。都市計画、農業振興地域整備計画、景観計画については議会の議決を経た基本構想に即して定めるとなっています。基本構想を上位に置いて、少なくとも土地利用計画については、議会の議決によって自治体の将来ビジョンを定め、それを促すための土地利用の制限であれば可能という位置づけになっている。それ以外の分野別の行政計画については、一旦自由にし、計画の体系をどう設計するかは自治体の自由にした。

どの計画を基本構想との上下関係に置くか、置かないか、基本構想と個別計画の二層制にするのか、別の組み立てにするかを自由にするためには、これまでの法律規定を一旦自由にしないと設計の自由が生まれないので、義務付け枠付けの見直しとしての二〇一一年改正の一端として、基本構想の義務づけが廃止されました。

この三つの計画の法律が改正されなかったのは、自治法二条四項（基本構想の定め）という文言を使わずに、当該市町村の議会の議決を経て定められた基本構想に即して定めなければならないとなっていたからです。

一九六九年の自治法改正で二条四項が新設されたときに、土地利用の制限に関する行政計画を議会の議決にすべきかの若干の調整があって、議会の議決を経て定められた基本構想の下に置くかわりに、計画は議会の議決にしないことを自治省が妥協した経緯があります。景観計画は土地利用規制の要素が強いので、その系譜に属する法律として都市計画法、農振法と同じ規定のしばりになっています。それ以外の次世代育成支援行動計画などのように横断的な計画については、自治法二条四項に定める基本構想に即して定める、となっていたので一旦全部外れました。どれを体系化するか、そして二層なのか三層なのか、いろいろな設計の自由度ができたと位置づけるべきです。

基本構想をつくらない自治体があるようですが、個別の行政計画は野放しにするのか。さらに、議会の議決を経て将来ビジョンを決めておかないと、土地利用規制の正統性の根拠がなくなります。

神原　武蔵野市は基本構想を廃止しましたが、総合計画の第一章を基本構想といい換えてもいい。それになぜ「基本構想」でなくてはならないのか。「総合計画」でよいではないか。いまご指摘の次世代育成支援行動計画にしても、「それに即して」といえるような基本構想ではまったくないわけで、法律に「基本構想に即して」と書いていても、それ自体としてはほとんど意味をなさないのが実態でしょう。

廣瀬　そうですね。実際にいま定められている基本構想が、制度が想定したような内実にともなうものになっているかどうかが問われると思いますし、基本構想という独立の文書を作ることを義務づける必要もないだろうとは思います。要は自治体の将来ビジョンを市民も交えて総合的に検討し、合意形成し、計画のかたちで固めることを通して、ともすればタテワリに流れがちな分野別の行政計画を束ねるものが必要だということです。それをどのように名付け、他の制度と組み合わせていくかは、自治体ごとに自由に設計すればよい。

神原　都市計画マスタープランを総合計画のなかの土地利用計画に置き換えて、その部分が「都市マス」と理解しておけば何の問題もない。別建ての計画は必要ありませんね。

批判力・提案力ある議会が長と職員を変える

神原　議会が積極的な政策活動を行うようになると、長と議会の間の関係もおのずと変化せざるを得ませんが、機関競争、機関緊張の自治体政治に転換しつつあるといっていいでしょうか。

江藤　過渡期といっていいでしょう。住民、議会、首長等の三者の関係が正三角形ではなく、二等辺三角形になったり、三辺の長さが違うことはあり得ます。それぞれの自治体は今後いろいろな三角形を創って個性が出てくればいい。三角形ができないところは問題です。

ただ、過渡期の流れの中で二つ心配していることがあります。二元的代表制の二元を誤解している。大阪市の橋下徹市長や河村名古屋市長のように、民意は自分にあり、議会との対立をことさらあおる。長と議会の緊張関係で政策競争を行うのではなく、選挙で選ばれた自分が民意を代表していることを強調する意味で、首長主導型民主主義で二元を理解しているようです。

もう一つは、二元は議会と首長という二つの機関だけを想定し、住民参加が基本だということを欠落させた議論がみられます。この発想では、住民参加が起点になり三者がまとまりながら市民の政府をつくっていくのが当たり前でなくなっている。

本来の二元的代表、住民参加を基軸とした機関競争主義を動かす際には、難しさもあります。それを作動させる強い意思が住民にも、議会にも、首長等にも必要です。住民自治が進展しているからこそ課題が出てきます。

神原　二元代表制はともに直接選挙で選ばれるのだから政治的正統性は対等で、長という独任制機関、議会という合議制機関それぞれの性質をふまえたうえでの競争で、どちらが的確に市民意思を反映するか、市民自治をふまえての競争です。そこをしっかり押さえておかないとこの制度は江藤さんのいわれたように、崩れた三角形になる可能性があります。

江藤　誤解を解きながら三者関係をつくり出していく意思を持つことが必要で、二元的代表制、機関競争といえば、自然に自動的に上手くいくわけではないですね。

神原　廣瀬さん一言お願いします。

廣瀬　首長側、そして行政職員も両義的な反応なのかなと思っています。実際に議会への対応は「手間」がかかります。議会に行って説明し、提案の前にも丁寧な説明が必要でここを乗り越えて議会に議決してもらわないとやりたい事ができない。面倒だという本音があるけれども、民主主義の制度の理念、原理に照らして議会はいらないと言い切ることはできない。ですから、理念的には議会改革を否定できないので、ほどほどにやってほしいという感覚があります。

その一方で、意識も高く頑張っている職員や首長から別の場面で聞こえてくるのは、他の自治体についての批評で、しばしば「あの自治体は議会がゆるいから職員が育たない」などといっています。そこにかなり正確で本質的な認識が示されていて、議会というハードルを越えなければならないことが、自分たちの質の向上につながっていることを認識している。自分に課せられたハードルとして、議会をクリアすることは負担だという思いがあるかも知れないけれども、それをやっていない自治体については、質的に劣っているとみているわけです。

ですから、自分たちの自治体の首長と議会との緊張関係をどう生産的な方向に発展させていくか、という課題にすすむべき時期が来ているのだと思います。議会と首長の両方がその方向に認識を合わせることができるか問われる段階にきたと実感しています。

神原　中尾さんお願いします。

中尾　職員は議会事務局にきてはじめて議会の重要性がわかるといいます。自ら議会で仕事をしないと議会を認識できないのが実態です。ですから議会の実態や重要性を認識しない職員がいます。その意味でも地方自治の仕組みを健全に考える研修は重要になってきます。

神原　私は「議会が変われば自治体が変わる」、そういう議会改革でなければならないと思いつづけてきました。議会改革を象徴している議会基本条例という規範を、議員だけが共有しているのではなくて、市民も首長も職員も自分たちに直接かかわってくる「代表民主制の規範」だと認識することです。そして厳しい議会をもつ自治体ほど職員の政策能力が上がっていくという展望で自治・議会基本条例、総合計画条例が生かされればいいと思っています。

5　議会改革のさらなる発展のために

大都市と都道府県の議会改革は特別の工夫が必要

神原　さて本日最後のテーマは議会改革のさらなる発展です。いままでの議論は、広域自治体の議会、政令指定都市のような大規模自治体の議会についてはとくに触れませんでした。やはり指定都市の議会、都道府県の議会には特殊な課題があると思います。正直いって大都市や広域自治体の議会は一部を除いて改革がすすんでいません。

どこかに原因があるか。一つは規模が大きく議員の数が多い。二つめは大規模議会になるほど会派の存在が大きな位置を占めていきます。これまで議論した市民との交流、議員間の討議、長との緊張関係の問題は、この規模の問題に大きく関係してくる。会派のあり方によっては改革とは逆の流れさえ出ています。この点、中尾さんいかがですか。

中尾　政令指定都市、広域自治体の議会に研修講師として招かれることが希にありますが、正直なところ行くことを非常に躊躇します。なぜかというと、今日議論しているようなことを議員のみなさんにお話しても、政令市、広域自治体の議会はそうはいかないという理解だからです。大都市の議会は独自にみなさんで市民自治、議会報告会のかたちを考えるべきです。議員、議会がどういう手法で市民と向き合うかは、その自治体の議員自身が考え編み出すことだと申し上げています。ぜひとも新たなものを考え一歩前進していただきたいと思っています。

神原　江藤さんどうですか。

江藤　大都市や都道府県議会の改革はなかなかすすみません。すすんでいるところをみると、橋本大阪市長や河村名古屋市長とは異なる意味での改革派首長がいたころです。当時、三重県の北川正恭知事、宮城県の浅野史郎知事、鳥取県の片山善博知事との関係で議会は何かしなければと、改革が行われた。それらの知事も議会が重要だという思いがあるので、改革がすすんできた面はあるでしょう。しかし一般的に大都市や都道府県レベルの議会改革が遅れているのは、住民との距離が遠いからです。ここを突破しないかぎりはすすまない。

政令指定都市の行政区毎に常任委員会を設置するという地制調答申は自治法には組み込まれませんでした。これは議会が住民に身近なところで議論し、住民の前に出て行くことを求めていました。横浜市会の議会基本条例にはそうした制度が定められています。この活動をすることによって議会は住民の身近な存在になります。三重県議会の議会報告会は、一般の県民だけでなく市町村の議長と首長からも意見を聞いて、議会改革をすすめ政策提言も行っています。住民の声を聞くことから議会改革がすすんでいく、これは本来的な活動です。この姿勢を持ち続けることができるかにかかっています。

神原　廣瀬さんいかがですか。

廣瀬　一般市町村にまで政党がはいるべきかの是非はとりあえず置くとして、一連の議会改革の背景には、日本の地域社会のなかにおいて政党がまったく機能していない現実があることは押さえておく必要があると思います。しかしそれでも地域における民主主義を作動させるために、政党という社会組織ではなくて、個々の議員や、機関としての議会が活動する回路が働いたところで議会改革がすすんだのです。その成果には見るべきものがあります。しかし、なかなかその原理だけで動けないのが大規模議会です。

七〇～八〇人の議員がいる議会を個々の議員単位の一層で調整できるかというと難しい。やはり二段階、いくつか議員のグループをつくり、グループ間の調整を経て全体の調整をしなければ、全体の合意形成や人事の調整などはできないでしょう。それが会派なのですが、都道県や大都市議会では政党会派になっていて、しかもその政党の多くが大元は国会議員のグループとして存在しているだけで、地域社会のなかでは機能しないとなれば、議会が自治体政策の担い手として機能するはずがない、という現実に突き当たっています。

では、どこから何ができるのか。都道府県議会が住民と直接向き合えといっても簡単なことではない。ならばまず県内の市町村議会と向き合うことです。特別な事態への対応としてではありましたが、宮城県議会と津波被災地市町村議会が一堂に会し、震災復興について議論した上で、国に働きかけること、県に働きかけること、市町村で行うことを整理し、様々な要請活動をしました。広域自治体議会でなければできないことの一例が示されたと思います。

しかしやり方によっては、なぜ県議会が市町村議会に介入してくるのか、と反発を受けるので、すすめ方や構えはよく考えなければならない。まずは、市町村と都道府県との関係で、広域自治体議会として何がやらなければないことかに向き合うことです。

もう一つ、政令市と都道府県の議会事務局は大きく、一般市の議会ましてや町村議会事務局ではできないことをやれる陣容です。このメリットをどうしたら生かせるのか考えると、まずは政策立案や政策評価、さらに専門能力のある職員のサポートを得ながら、議会人として何ができるのかを組み立てられるのではないか。三重県議会はかなり自覚的に行っていると思いますが、ここから議会の機能を強化していく方向が大規模な議会にはあると思います。

議会に行政区別・地域別の常任委員会を設ける

神原　私の年来の主張ですが、広域自治体議会の委員会は行政の縦割りに付随したかたちの委員会構成です。広域自治体の政策は縦割りだけでなくて、面的、地域的な枠組みをもたないと政策の議論も行政の監視も市民との交流もできない。都道府県議会は地域別の常任委員会をつくり、その運営のなかに市町村議会、ときには市町村長の参加も組み込んだ、地域的な活動の枠組みをつくる。ですから議員は、縦割りの常任委員会と、横割りの常任委員会の二つに所属する必要があります。

大都市についてもまったく同じように構想してきました。大都市の議員は行政区ごとの選挙区で選ばれるので、縦割りの常任委員会の他に行政区別の横割りの常任委員会をつくり、地域を総合的にみて政策活動していくのが不可欠の要件だと思っていました。大都市行政の最大の弱点は横割りの政策を構想する装置をもたないことです。ここに着目しなければ議会は実効ある行政監視も独自の政策提起もできません。横浜市や川崎市の議会はそれに気づいていますね。

都道府県議会に進言しても三重県以外は実行するところはありません。大都市に関しては二〇一四年の地方自治法改正で、選択制度ですが、行政区を総合区に格上げして、自治区的な要素をもたせることができるようになりました。そして行政だけでなく、当然、区別常任委員会も導入されると思っていましたが、突如法案から消えました。区長を特別職にする規定を除けば、総合区の制度や区別常任委員会は地方自治法で定めなくてもできることです。私はむしろ地方自治法改正でなく大都市が自主的にやってほしかった。

区別常任委員会が実現しなかったのは大都市議会が消極的だったためらしいですが、なぜなのか。従来の縦割り常任委員会を軸に政党会派間バランスで運営してきた議会慣習が崩れるからだといいます。区から選出される議員数にバラツキがあるから、区別常任委員会を導入すれば会派間に大きな利害が生じる。結局、従来の政党会派重視の議会慣習に安住しようとする。

大都市や広域自治体議会は政党会派で、ほとんどの議員はそこに所属しています。しかし、日本の政党は集権構造で地域支部はそのブランチ、集票機関。結局、議員をふくむ地域支部は地域課題に対応して独自の政策活動を行うという自主性、自立性をもっていない。まともな地域政策をもたない、もてないから、区別常任委員会というもう一つの試される舞台ができても対応できない。日本の自治体議会は二元代表制だから長をつくる権限はもっていない。それで議会で仕事をするしっかりした地域政党をつくるというインセンティブが希薄になるという根本問題もあります。

市民と地域に根ざした政党会派に変われるか

江藤　分権改革では、地域に根ざした会派構成の可能性はないわけではありませんが、いまの政党組織では難しい。都道府県、大都市は中央政党と結び付いた議会の会派です。全国政党色が強いと中央の政策の分岐がそのまま地方に入り議員間討議は脇に追いやられます。分権改革が遅れているのは政党だと思います。それぞれ地域ごとの政策課題があるので、中央政党が重視する分岐線とは異なる線が地方では引かれるべきです。いわば、地域の争点です。地方政党だけでなく、中央政党の会派名を付加した名称でも構いませんから、地域の争点を議論していくことです。地域の独自性を持てる政党組織に変えていかないと、地方議会は活性化しないと感じています。

神原　一部の地域政党型会派を除いて、一般に会派は地域の課題を争点化できるような幅広い活動を行う地域政党になっていません。その会派が議会活動の中心になって、重要なことは非公開の会派代表者会議で決めてしまう。議会基本条例がいくら格調高く、あるべき規範を定めていても、市民が傍聴できる場面になったときは、すでに水面下の会派調整で決まっていて、表舞台はそれを追認するだけ。これでは議会基本条例はほとんど機能しません。

その代表的な例が北海道議会基本条例、札幌市議会基本条例でほとんど機能していません。市議会基本条例は二年以上の時間をかけて検討しましたが、そのプロセスは全部非公開、市民に一切公開せずに条例案を固めました。なぜ非公開かというと、会派間の微妙な調整があるから市民に公開できないというのが理由です。これでは生きた条例になるわけがありません。その一方で旧態依然たる政務活動費の問題が紙上をにぎわしています。

やはり江藤さんがおっしゃるように、市民に近づける工夫、地域単位、広域自治体であれば市町村議会参加を行わないと議会は変わりません。

江藤　あと委員会ごとにテーマ別に関連する団体との意見交換、あるいは不特定多数の住民と意見交換を行う。そうすれば、委員会として政策提言を行うようになり、会派の制約が小さくなっていくと思います。

神原　来年、二〇一五年は統一自治体選挙ですが、府県単位の政党支部は議会のことはさておき、知事候補、指定都市の市長候補を誰にするかに熱心です。しかしこれからは議会をどうするか、そのために自分たちはどうするかという問題も一緒に選挙政策を打ち出すべきです。選挙で首長だけとって、あとはぶら下がっていればいいという会派ではあまりにも情けない。

江藤　まず議会の会派を市民に近づけていく設計をしていくことです。市民がそれぞれの会派を呼んで意見や公約を聴いてよい。

また名称も考えたい。最近は地域政党の動きが出てきて、三重県では「新政みえ」という民主党を中心にしながら、それ以外の人々も参加した会派をつくっています。最近山梨県では「チームやまなし」といい自民党から民主党まで集まって活動している。

さらに、中央政党会派の意識改革も必要です。地域ごとの会派とともに、例えば山梨自民党のようにまず地域を重視した名称への変更も、その意識改革になるでしょう。

規模が大きくなったり、委員会制を導入すれば、会派が議会運営には必要になる場合もある。しかし、そもそも、日本の地方議会議員選挙では、会派制を前提としているわけではありません。都道府県議会を別とすれば、突然臨時会で会派が誕生する。また、水面下の調整では会派は積極的に活動しています。それらの意味で住民にはみえにくい。私はユウレイといっています。会派が住民に近づく説明責任を果たすことが重要です。基本は市民に近づくことです。

神原　議会基本条例をみると「会派をつくることができる」とか、「会派間の政策調整に努める」などの表現で会派の規定を置いていますが、議員個人に対する政党会派の拘束力はかなり強い。しかし、会派は政策集団と書いてあるのですから政策の議論をすればいい。議論しても会派内部がいつも全員一致するわけではない。最後は各人の良識にもとづいて意思表示すればいい。

ところが、議員が会派集団の意に反した行動をすると会派が除名することがありますが、個人の最終的な意思表示を拘束してはいけないのではないか。また、会派代表者会議とか幹事長会などは公開すべきです。非公開で市民にみせられないような議論をやっているから、結局は調整とはいってもろくな結論にはならないわけです。まことに情けない。

どうすれば議会事務局を充実することができるか

神原　廣瀬さんがいわれたことで、大規模議会の議会事務局は会派の要請で調査活動などをするということですか。

廣瀬　両方あっていいと思います。議会事務局は基礎的な調査機能を持っていなければならないと思いますけど、政策集団としての会派であれば、会派の議席数に比例した政策スタッフを置くのは自然なことです。

一人の議員に対して何人かの政策スタッフがついてサポートする。それは機関全体のスタッフという位置づけの人と、会派の政策支援のように、一定の政策的な方向性を帯びた上で政策実現の仕事をする二種類の人によって構成されるのが、議会政治のあり方から考えてあるべき姿だと思います。

そうすると議員の何倍のスタッフが必要になるのか。米国のカウンシル制度のように議長がすべての行政職員の任命権者になっているところでは、議会事務局のスタッフは少ない。

しかし機関対立型だと行政職員は長の下にあるので議会側のスタッフになれず、議員数の何倍かの事務局スタッフが必要になります。たとえばニューヨーク市議会は五一人の議員に対し、五五〇人のスタッフがいます。このかたちを日本に求めるのは不可能ですが、正職員でできないのであれば、何らかの補佐機能を持ったスタッフを議会として整備することが不可欠だと思います。

神原　一通り議会事務局のあり方についてうかがいたいと思います。

江藤　まずあまりにも議会事務局の位置づけが低すぎます。町村議会事務局のスタッフは平均すると二・五人です。この体制で今日議論になった課題を担えるかはかなり問題があります。一つは必要なスタッフを配置し、庶務、事務だけ行うのではないことから、名称は議会事務局ではなく議会局にする。

二つめは、いま事務局職員は行政側からの出向制度で、これを全部変えるのは難しい。出向だと職員は議会ではなく行政側につくからダメだと評価されていましたが、かなり変化してきています。出向であっても議会事務局として生き甲斐と誇りを持って活動している職員は多い。議会と行政を循環する仕組みを議会からつくることが必要です。その意味で議長の人事権は重い。

三つめは、議会事務局のスタッフを増やせないのであれば、議会の外にある大学との連携、専門家との連携、参考人制度などを議会事務局機能として位置づけて活動する。

四つめは、市町村議会事務局の横への連携とともに、スタッフの多い都道府県議会事務局は、資源の少ない市町村議会事務局を支援し、補完する。

こうしたことが考えられます。議会事務局が充実しなければ議会改革もすすまないことが、ようやく進駆的な議会・議員は気づきはじめています。

中尾 首長側が採用した職員を議会事務局に出向させるのは、どこか無理があり限界にきていると思います。首長提案を修正、否決するなり政策提案する議会をサポートをするので、議会事務局は首長側と対局にあり一定の覚悟が必要です。

しかし議会事務局を経験すれば、市民の立場を理解し市民目線で仕事ができる。自治体職員にとってはまたとないチャンスでもあります。たとえ執行部側へ戻ったとしても、自治体職員として大きく成長する可能性があります。

神原 私はある小さな自治体議会を定点的に数年間みさせていただいています。議会事務局は三人で二〇代の若い職員が一人います。その職員をみていて、ものすごく力量、能力をつけてきたのに驚きます。役場外の人々との接触は多々あるし、行政の動きを全般的に見ていなければ議会・議員をサポートすることはできないから、それも一生懸命やる。さらに全国の議会改革の流れにもいつも目配りしていなければならない。結局、議会事務局職員はマルチ対応の仕事が求められるから、これ以上の職員研修はないわけです。

その若い職員の方は私に「議会事務局にきてたくさん自治体の勉強をさせられてよかった」といっていました。議会はすべての問題にかかわっているので、職員は情報力・判断力が短期間でも養成されます。議会を経験しない職員は、首長部局でも使いものにならないといわれるような、職員を育てられる議会、自治体になればいいと思っています。

以上で本日の座談会を終えますが、最後に一言。最近、芽室町議会の西科事務局長が「芽室町議会はたくさんのことを改革しているが、一つひとつにはオリジナリティはない」といいました。もちろん西科さんは自分の議会を揶揄してそういったわけではありません。そこで私は「一つひとつにオリジナリティはなくても大事なことは全部やる『総合型改革』こそ芽室町議会のオリジナリティでしょう」と言葉を返しました。

全国で議会改革がはじまって八年、いろいろなことが行われ、また、なすべき改革課題もはっきりみえてきました。そういう意味でいえば議会の「見える化」という成果を生んでいるのですが、だとすれば、これからはその成果をふまえて、単品改革ではなく「総合的に実施する」という第二の段階にすすまなければなりません。それも今日議論したように政策型議会の構築を軸にして。

本日はとても貴重なお話をたくさんうかがうことができました。何年かたって、さらなる改革の成果をふまえて、この続きができることを願っています。ありがとうございました。

（本稿は二〇一四年八月二七日、札幌市内で行った座談会をまとめたものです）

使途の透明性の確保に努めるものとした。

○議会と長との関係に係る改正

(1) 再議制度（法第 176 条第 1 項）

一般再議の対象を条例・予算以外の議決事件（総合計画など）に拡大することとした。

(2) 専決処分の対象除外（法第 179 条第 1 項）

専決処分の対象から副知事及び副市町村長の選任の同意を除外することとした。

(3) 専決処分不承認の措置（法第 179 条第 4 項）

条例・予算の専決処分について議会が不承認としたときは、長は必要と認める措置を講じ、議会に報告しなければならないこととした。

(4) 条例議決の公布義務化（法第 16 条第 2 項）

長は、条例の送付を受けた日から 20 日以内に再議に付す等の措置を講ずる場合を除き、当該条例の公布を行わなければならないこととした。

○直接請求制度の一部改正（法第 76 条ほか）

有権者数により解散・解職の請求に必要な署名数要件を緩和した。

現行：有権者数の 3 分の 1（40 万を超える場合は 6 分の 1）

→ 改正後：有権者数の 3 分の 1（40 万から 80 万の場合は 6 分の 1、80 万を超える場合は 8 分の 1）

2012年8月改正

○条例による通年会期の選択制度の導入(法第102条の2、法第121条)

条例により、議会の定例会・臨時会の区分を設けず、通年の会期とすることができることとした。

○長及び委員長等の議場出席についての配慮規定の追加(法第121条第2項)

会期を通年とした議会の議長は、長及び委員長等に議場への出席を求めるに当たっては、執行機関の事務に支障を及ぼすことのないよう配慮しなければならないものとした。

○臨時会の招集権を議長に付与(法第101条第5項・第6項)

議長等の臨時会の招集請求に対して長が招集しないときは、議長が臨時会を招集することができることとした。

○議会運営に係る法定事項の条例委任(法第109条)

委員会に関する規定を簡素化し、委員の選任方法、在任期間等について法律で定めていた事項(例:常任委員は会期のはじめに議会で選任)を条例に委任することとした。

○議会の調査に係る出頭等の請求要件の明確化(法第100条第1項)

議会が調査を行うため選挙人その他の関係人の出頭、証言及び記録の提出を請求することができる場合を、特に必要があると認めるときに限ることとした。

○本会議における公聴会開催・参考人の招致制度の導入(法第115条の2第1項・第2項)

本会議においても、公聴会の開催、参考人の招致をすることができることとした。

○政務調査費制度の改正(第100条第14項・第15項・第16項)

政務調査費の名称を「政務活動費」に、交付目的を「議会の議員の調査研究その他の活動に資するため」に改めるとともに、政務活動費を充てることができる経費の範囲について条例で定めるものとした。また、議長は、政務活動費については、そのもに、名称を「議員報酬」に改めた。

【参考】

改正前

第203条　普通地方公共団体は、その議会の議員、委員会の委員、非常勤の監査委員……その他非常勤の職員に対し、報酬を支給しなければならない。

改正後

第203条　普通地方公共団体は、その議会の議員に対し、議員報酬を支給しなければならない。

第203条の２　普通地方公共団体は、その委員会の委員、非常勤の監査委員……その他非常勤の職員に対し、報酬を支給しなければならない。

2011年5月改正

○議員定数の法定上限の撤廃（法第90条第２項、法第91条第２項）

議員定数について、上限数を人口段階別に定めていた規定を撤廃した。

○議決事件の範囲の拡大（法第96条第２項）

法定受託事務に係る事件についても、国の安全に関することその他の事由により議会の議決すべきものとすることが適当でないものとして政令で定めるものを除き、条例で議会の議決事件として定めることができることとした。

○行政機関等の共同設置の対象の拡大（法第252条の７）

議会の事務局若しくはその内部組織又は議会の事務を補助する職員等を共同設置することができることとした。

○基本構想条項の削除（改正前法第２条４項）

議会の議決を経て定める市町村の基本構想に関する条項を削除した。

学識経験者等にさせることができることとした。

○委員会の議案提出権（法第 109 条第 7 項・第 8 項、法第 109 条の 2 第 5 項、法第 110 条第 5 項）

常任委員会・議会運営委員会・特別委員会は、議会の議決すべき事件のうちその部門に属する当該普通地方公共団体の事務に関するものにつき、議会に議案 (予算を除く) を提出できるものとした。

○会議録の電磁的記録化（法第 123 条）

議会の会議録を電磁的記録で作成することができることとした。

○専決処分の要件の明確化（法第 179 条）

長の専決処分について、「議会を招集する暇がないと認めるとき」を「議会の議決すべき事件について特に緊急を要するため議会を招集する時間的余裕がないことが明らかであると認めるとき」に改め、緊急性の要件を明確化した。

○議会事務局の役割を「庶務」から「事務」に改めた (法第 138 条第 7 項)。

○出納長及び収入役制度の廃止等

都道府県の出納長・市町村の収入役を廃止（会計管理者の設置・法第 168 条）するとともに、市町村の「助役」を「副市町村長」に名称変更した（法第 161 条）。

2008 年 6 月改正

○議会活動の範囲の明確化（法第 100 条第 12 項）

議案の審査や議会運営に関する協議・調整を行うための場を設けることができるものとした（たとえば各派代表者会議、正副委員長会議、全員協議会等）。

○議員の報酬に関する規定の整備（法第 203 条、203 条の 2 関係）

議員の報酬の支給方法等が行政委員会の委員等の報酬の支給方法等と異なっていることを明確にするため、これまでの同一条項に併記していた議員の報酬の規定に係るものを分離するとと議会は条例の制定又は改廃の直接請求により付議された議案の審議を行なうに当たっては、政令の定めるところにより、当該請求代表者に意見を述べる機会を与えなければならないものとした。

○議会における選挙について、点字投票を行うことができるものとした（法第 118 条第 1 項）。

2003 年 6 月改正

○指定管理者の指定を議決事項に追加 (法第 244 条の 2 第 6 項)

指定管理者制度の導入に関し、普通地方公共団体は、指定管理者の指定をしようとするときは、あらかじめ、当該地方公共団体の議会の議決を経なければならないものとした。

2004 年 5 月改正

○議会の定例会の回数制限の撤廃（法第 102 条第 2 項）

「定例会は毎年、4 回以内招集しなければならない」とする回数の制限を廃止し、条例でその数を定めることとした。

2006 年 5 月改正

○議長への臨時会の招集請求権の付与（法第 101 条第 2 項）

議長は議会運営委員会の議決を経て、長に対し臨時会の招集を請求することができることとした。

○常任委員会への所属制限を撤廃（法第 109 条第 2 項）

議員の常任委員会所属について、「1 箇の常任委員」とする制限を撤廃した。

○閉会中の委員選任（法第 109 条第 3 項、法第 109 条の 2 第 3 項、法第 110 条第 3 項）

委員会の委員について、閉会中でも議長が指名して選任できることとした。

○専門的知見の活用（法第 100 条の 2）

議会が議案の審査や調査のために必要な専門的事項の調査を、

〈資料２〉自治体議会に関する地方自治法の主な改正状況
（地方分権一括法以降）

1999年7月改正

○機関委任事務制度の廃止（法第２条）

○条例による議員定数制度の導入（法第90条）

議会議員の定数について、法定定数制度を廃止し、条例で定めることとした。同時に、人口段階別に定数の上限を設けた。

○議案の提出要件等の緩和（法第112条第２項、法第115条の２）

議案の提出要件と修正動議の発議要件について、「８分の１以上の者の賛成」「８分の１以上の者の発議」としていたものを、「12分の１以上の者の賛成」「12分の１以上の者の発議」と改めた。

2000年5月改正

○国会への意見書の提出（法第99条）

議会の意見書を「関係行政庁」に加え「国会」にも提出できることとした。

○政務調査費の制度化（法第100条第12項、法第100条13項）

議会の議員・会派が行う政務調査活動に対し、条例で「政務調査費」を交付できることとした。

○常任委員会数の制限撤廃（法第109条第１項）

議会の常任委員会について、人口段階別の設置数の制限規定を廃止し、条例でその数を定めることとした。

2002年3月改正

○議員派遣の制度化（法第100条第12項）

議会が必要あると認めるとき、会議規則で定めることにより、議員を派遣することができることとした。

○直接請求（条例の制定・改廃）の請求代表者に対する意見陳述機会の提供（法第74条第４項）

宮崎県	535	小林市	2013 年
	536	串間市	2013 年
	537	えびの市	2010 年
	538	三股町	2011 年
	539	高原町	2014 年
	540	新富町	2014 年
	541	西米良村	2013 年
	542	高千穂町	2009 年
鹿児島県	543	鹿児島県	2010 年
	544	鹿屋市	2013 年
	545	阿久根市	2012 年
	546	出水市	2013 年
	547	西之表市	2012 年
	548	垂水市	2013 年
	549	薩摩川内市	2008 年
	550	曽於市	2013 年
	551	霧島市	2009 年
	552	いちき串木野市	2013 年
	553	志布志市	2013 年
	554	奄美市	2010 年
	555	南九州市	2013 年
	556	姶良市	2012 年
	557	さつま町	2009 年
	558	長島町	2013 年
	559	大崎町	2011 年
	560	東串良町	2014 年
	561	南大隅町	2012 年
	562	南種子町	2011 年
	563	知名町	2013 年
	564	与論町	2011 年
沖縄県	565	沖縄県	2012 年
	566	那覇市	2012 年
	567	名護市	2014 年
	568	南城市	2012 年
	569	読谷村	2009 年
	570	与那原町	2013 年
	571	南風原町	2013 年

山口県	443	和木町	2010 年
徳島県	444	徳島県	2013 年
	445	小松島市	2009 年
	446	上勝町	2011 年
	447	北島町	2008 年
香川県	448	丸亀市	2012 年
	449	坂出市	2012 年
	450	善通寺市	2011 年
	451	観音寺市	2009 年
	452	東かがわ市	2013 年
	453	三豊市	2012 年
	454	宇多津町	2009 年
	455	まんのう町	2011 年
愛媛県	456	愛媛県	2011 年
	457	今治市	2013 年
	458	八幡浜市	2013 年
	459	新居浜市	2013 年
	460	西予市	2011 年
高知県	461	高知県	2009 年
	462	土佐清水市	2011 年
	463	四万十市	2014 年
	464	香美市	2012 年
	465	田野町	2014 年
	466	本山町	2011 年
	467	大豊町	2010 年
	468	土佐町	2012 年
	469	越知町	2012 年
	470	梼原町	2011 年
	471	四万十町	2010 年
福岡県	472	北九州市	2011 年
	473	大牟田市	2010 年
	474	久留米市	2008 年
	475	田川市	2010 年
	476	八女市	2009 年
	477	豊前市	2010 年
	478	小郡市	2010 年
	479	筑紫野市	2013 年
	480	春日市	2009 年
	481	宗像市	2010 年
	482	太宰府市	2014 年
	483	古賀市	2013 年
	484	うきは市	2013 年
	485	志免町	2010 年
	486	粕屋町	2012 年
	487	遠賀町	2014 年
	488	筑前町	2012 年
福岡県	489	東峰村	2013 年
	490	大刀洗町	2013 年
	491	香春町	2012 年
	492	川崎町	2010 年
	493	苅田町	2011 年
佐賀県	494	佐賀市	2009 年
	495	鳥栖市	2011 年
	496	多久市	2011 年
	497	鹿島市	2010 年
	498	小城市	2012 年
	499	嬉野市	2009 年
	500	上峰町	2010 年
	501	江北町	2013 年
	502	白石町	2011 年
	503	太良町	2013 年
長崎県	504	長崎県	2012 年
	505	長崎市	2010 年
	506	諫早市	2012 年
	507	大村市	2008 年
	508	壱岐市	2011 年
	509	雲仙市	2009 年
	510	長与町	2013 年
	511	時津町	2011 年
	512	新上五島町	2012 年
熊本県	513	荒尾市	2013 年
	514	水俣市	2011 年
	515	菊池市	2014 年
	516	上天草市	2012 年
	517	天草市	2012 年
	518	高森町	2014 年
	519	御船町	2010 年
	520	氷川町	2010 年
	521	あさぎり町	2013 年
大分県	522	大分県	2009 年
	523	大分市	2008 年
	524	日田市	2014 年
	525	佐伯市	2010 年
	526	竹田市	2013 年
	527	杵築市	2014 年
	528	豊後大野市	2012 年
	529	国東市	2013 年
宮崎県	530	宮崎県	2012 年
	531	宮崎市	2013 年
	532	都城市	2013 年
	533	延岡市	2013 年
	534	日南市	2013 年

〈資料１〉議会基本条例制定自治体

大阪府	351	大東市	2010年
	352	四條畷市	2012年
	353	交野市	2013年
	354	豊能町	2013年
	355	熊取町	2008年
兵庫県	356	兵庫県	2012年
	357	神戸市	2012年
	358	姫路市	2011年
	359	明石市	2013年
	360	洲本市	2009年
	361	豊岡市	2012年
	362	赤穂市	2014年
	363	西脇市	2012年
	364	宝塚市	2011年
	365	三木市	2013年
	366	高砂市	2014年
	367	三田市	2012年
	368	加西市	2010年
	369	篠山市	2011年
	370	養父市	2010年
	371	丹波市	2011年
	372	南あわじ市	2012年
	373	朝来市	2009年
	374	淡路市	2012年
	375	宍粟市	2011年
	376	加東市	2010年
	377	たつの市	2013年
	378	多可町	2012年
	379	播磨町	2010年
	380	福崎町	2013年
	381	上郡町	2012年
	382	香美町	2012年
奈良県	383	奈良県	2010年
	384	奈良市	2013年
	385	天理市	2009年
	386	桜井市	2014年
	387	生駒市	2013年
	388	平群町	2010年
	389	上牧町	2013年
	390	十津川村	2010年
	391	東吉野村	2013年
和歌山県	392	美浜町	2012年
鳥取県	393	鳥取県	2012年
	394	米子市	2014年
	395	境港市	2013年
	396	若桜町	2009年
鳥取県	397	智頭町	2011年
	398	琴浦町	2012年
	399	北栄町	2009年
	400	南部町	2007年
	401	日南町	2013年
島根県	402	松江市	2008年
	403	浜田市	2011年
	404	出雲市	2007年
	405	益田市	2009年
	406	大田市	2012年
	407	江津市	2014年
	408	邑南町	2007年
	409	吉賀町	2013年
岡山県	410	岡山県	2012年
	411	岡山市	2013年
	412	倉敷市	2012年
	413	玉野市	2013年
	414	笠岡市	2011年
	415	井原市	2010年
	416	総社市	2013年
	417	高梁市	2012年
	418	新見市	2011年
	419	瀬戸内市	2012年
	420	赤磐市	2012年
	421	真庭市	2012年
	422	浅口市	2012年
	423	鏡野町	2013年
	424	美咲町	2012年
広島県	425	広島県	2010年
	426	広島市	2010年
	427	呉市	2010年
	428	三原市	2011年
	429	福山市	2011年
	430	府中市	2013年
	431	三次市	2010年
	432	庄原市	2011年
	433	東広島市	2013年
	434	廿日市市	2012年
	435	江田島市	2013年
	436	海田町	2012年
	437	坂　町	2011年
山口県	438	下関市	2012年
	439	山口市	2009年
	440	防府市	2010年
	441	美祢市	2011年
	442	山陽小野田市	2012年

長野県	259	小谷村	(2013年)
	260	小布施町	(2012年)
	261	飯綱町	(2012年)
岐阜県	262	高山市	(2011年)
	263	多治見市	(2010年)
	264	中津川市	(2014年)
	265	土岐市	(2014年)
	266	可児市	(2012年)
	267	瑞穂市	(2011年)
	268	飛騨市	(2011年)
	269	北方町	(2009年)
静岡県	270	静岡市	(2012年)
	271	島田市	(2009年)
	272	富士市	(2010年)
	273	磐田市	(2012年)
	274	焼津市	(2014年)
	275	掛川市	(2013年)
	276	藤枝市	(2014年)
	277	裾野市	(2012年)
	278	菊川市	(2009年)
	279	伊豆の国市	(2013年)
	280	牧之原市	(2009年)
	281	吉田町	(2014年)
	282	川根本町	(2013年)
愛知県	283	愛知県	(2013年)
	284	名古屋市	(2010年)
	285	豊橋市	(2013年)
	286	岡崎市	(2009年)
	287	半田市	(2011年)
	288	津島市	(2011年)
	289	刈谷市	(2013年)
	290	豊田市	(2009年)
	291	犬山市	(2011年)
	292	江南市	(2013年)
	293	稲沢市	(2013年)
	294	新城市	(2011年)
	295	東海市	(2013年)
	296	知多市	(2013年)
	297	知立市	(2013年)
	298	高浜市	(2011年)
	299	岩倉市	(2011年)
	300	豊明市	(2011年)
	301	日進市	(2011年)
	302	田原市	(2010年)
	303	北名古屋市	(2007年)
	304	弥富市	(2011年)
愛知県	305	みよし市	(2014年)
	306	武豊町	(2011年)
三重県	307	三重県	(2006年)
	308	四日市市	(2011年)
	309	松阪市	(2012年)
	310	桑名市	(2011年)
	311	鈴鹿市	(2012年)
	312	尾鷲市	(2013年)
	313	亀山市	(2010年)
	314	鳥羽市	(2010年)
	315	伊賀市	(2007年)
	316	大台町	(2013年)
滋賀県	317	滋賀県	(2014年)
	318	彦根市	(2014年)
	319	長浜市	(2013年)
	320	近江八幡市	(2011年)
	321	守山市	(2010年)
	322	栗東市	(2013年)
	323	甲賀市	(2013年)
	324	野洲市	(2010年)
	325	湖南市	(2012年)
	326	東近江市	(2008年)
	327	米原市	(2013年)
	328	日野町	(2011年)
	329	竜王町	(2011年)
京都府	330	京都府	(2010年)
	331	京都市	(2014年)
	332	福知山市	(2012年)
	333	綾部市	(2010年)
	334	宇治市	(2011年)
	335	宮津市	(2011年)
	336	亀岡市	(2010年)
	337	城陽市	(2013年)
	338	長岡京市	(2012年)
	339	京丹後市	(2007年)
	340	木津川市	(2010年)
	341	久御山町	(2011年)
	342	精華町	(2009年)
	343	与謝野町	(2012年)
大阪府	344	大阪府	(2009年)
	345	堺市	(2013年)
	346	岸和田市	(2011年)
	347	泉大津市	(2014年)
	348	枚方市	(2014年)
	349	茨木市	(2012年)
	350	泉佐野市	(2013年)

〈資料１〉議会基本条例制定自治体

千葉県	167	松戸市	2008 年
	168	佐倉市	2010 年
	169	市原市	2012 年
	170	流山市	2009 年
	171	四街道市	2013 年
	172	長生村	2009 年
	173	大多喜町	2012 年
東京都	174	荒川区	2013 年
	175	八王子市	2013 年
	176	立川市	2014 年
	177	調布市	2013 年
	178	小平市	2014 年
	179	東村山市	2013 年
	180	多摩市	2010 年
神奈川県	181	神奈川県	2008 年
	182	横浜市	2014 年
	183	川崎市	2009 年
	184	横須賀市	2010 年
	185	藤沢市	2013 年
	186	小田原市	2013 年
	187	茅ヶ崎市	2011 年
	188	逗子市	2014 年
	189	三浦市	2014 年
	190	秦野市	2011 年
	191	大和市	2013 年
	192	葉山町	2009 年
	193	大磯町	2009 年
	194	二宮町	2013 年
	195	中井町	2013 年
	196	大井町	2008 年
	197	開成町	2010 年
	198	箱根町	2013 年
	199	真鶴町	2012 年
	200	湯河原町	2006 年
	201	愛川町	2011 年
新潟県	202	新潟市	2011 年
	203	新発田市	2009 年
	204	村上市	2011 年
	205	上越市	2010 年
	206	阿賀野市	2011 年
	207	魚沼市	2014 年
	208	胎内市	2013 年
	209	阿賀町	2011 年
	210	出雲崎町	2013 年
富山県	211	高岡市	2012 年
	212	小矢部市	2010 年
富山県	213	南砺市	2013 年
石川県	214	石川県	2010 年
	215	金沢市	2013 年
	216	七尾市	2012 年
	217	加賀市	2011 年
	218	かほく市	2013 年
	219	白山市	2010 年
	220	能美市	2014 年
福井県	221	福井県	2014 年
	222	福井市	2012 年
	223	敦賀市	2011 年
	224	小浜市	2012 年
	225	鯖江市	2013 年
	226	あわら市	2012 年
	227	越前市	2010 年
	228	坂井市	2012 年
	229	永平寺町	2012 年
	230	おおい町	2011 年
山梨県	231	都留市	2013 年
	232	韮崎市	2013 年
	233	昭和町	2010 年
	234	富士河口湖町	2013 年
長野県	235	長野県	2009 年
	236	長野市	2009 年
	237	松本市	2009 年
	238	上田市	2013 年
	239	伊那市	2012 年
	240	大町市	2010 年
	241	塩尻市	2010 年
	242	佐久市	2013 年
	243	安曇野市	2013 年
	244	軽井沢町	2011 年
	245	下諏訪町	2014 年
	246	富士見町	2014 年
	247	辰野町	2011 年
	248	箕輪町	2010 年
	249	飯島町	2012 年
	250	南箕輪村	2013 年
	251	中川村	2013 年
	252	松川町	2011 年
	253	喬木村	2012 年
	254	上松町	2011 年
	255	南木曽町	2012 年
	256	大桑村	2011 年
	257	木曽町	2012 年
	258	池田町	2013 年

秋田県	75	潟上市	2013 年
	76	大仙市	2011 年
	77	北秋田市	2013 年
	78	にかほ市	2011 年
	79	仙北市	2010 年
	80	小坂町	2010 年
	81	藤里町	2009 年
	82	八郎潟町	2012 年
	83	大潟村	2011 年
山形県	84	山形市	2012 年
	85	米沢市	2012 年
	86	酒田市	2010 年
	87	新庄市	2013 年
	88	寒河江市	2012 年
	89	村山市	2011 年
	90	天童市	2014 年
	91	山辺町	2013 年
	92	河北町	2010 年
	93	西川町	2013 年
	94	大石田町	2013 年
	95	金山町	2014 年
	96	川西町	2013 年
	97	飯豊町	2014 年
	98	三川町	2011 年
	99	庄内町	2008 年
	100	遊佐町	2013 年
福島県	101	福島県	2008 年
	102	福島市	2014 年
	103	会津若松市	2008 年
	104	喜多方市	2013 年
	105	伊達市	2009 年
	106	桑折町	2011 年
	107	国見町	2014 年
	108	大玉村	2008 年
	109	只見町	2012 年
	110	南会津町	2010 年
	111	西会津町	2013 年
	112	会津坂下町	2011 年
	113	湯川村	2012 年
	114	柳津町	2012 年
	115	会津美里町	2012 年
茨城県	116	茨城県	2012 年
	117	石岡市	2014 年
	118	常陸太田市	2012 年
	119	高萩市	2014 年
	120	取手市	2011 年

茨城県	121	ひたちなか市	2013 年
	122	鹿嶋市	2013 年
	123	守谷市	2013 年
	124	常陸大宮市	2013 年
	125	那珂市	2013 年
	126	鉾田市	2007 年
	127	大洗町	2011 年
	128	利根町	2011 年
栃木県	129	宇都宮市	2013 年
	130	足利市	2013 年
	131	栃木市	2011 年
	132	鹿沼市	2011 年
	133	日光市	2013 年
	134	小山市	2011 年
	135	那須塩原市	2012 年
	136	さくら市	2013 年
	137	下野市	2013 年
	138	那須町	2013 年
	139	那珂川町	2014 年
群馬県	140	群馬県	2012 年
	141	桐生市	2013 年
	142	藤岡市	2013 年
	143	富岡市	2013 年
	144	みどり市	2013 年
	145	東吾妻町	2010 年
	146	昭和村	2012 年
	147	板倉町	2013 年
	148	千代田町	2013 年
	149	大泉町	2012 年
埼玉県	150	さいたま市	2009 年
	151	所沢市	2009 年
	152	飯能市	2012 年
	153	本庄市	2013 年
	154	東松山市	2011 年
	155	春日部市	2012 年
	156	戸田市	2012 年
	157	和光市	2010 年
	158	富士見市	2011 年
	159	三郷市	2012 年
	160	坂戸市	2012 年
	161	鶴ヶ島市	2009 年
	162	伊奈町	2013 年
	163	三芳町	2010 年
	164	嵐山町	2011 年
	165	ときがわ町	2008 年
	166	宮代町	2011 年

〈資料１〉議会基本条例制定自治体

（2014 年 09 月 08 日現在）

（自治体議会改革フォーラム　ホームページより作成）

条例制定は合計 571 自治体（31.9%）
内訳：道府県 29（61.7%）、政令市 13（65.0%）、特別区 1（4.3%）、
市 341（44.3%）、町村 187（20.1%）

都道府県	自治体		制定年
北海道	1	北海道	2009 年
	2	札幌市	2013 年
	3	旭川市	2010 年
	4	釧路市	2011 年
	5	帯広市	2010 年
	6	夕張市	2013 年
	7	江別市	2013 年
	8	士別市	2012 年
	9	名寄市	2009 年
	10	三笠市	2009 年
	11	根室市	2012 年
	12	登別市	2011 年
	13	福島町	2009 年
	14	知内町	2008 年
	15	七飯町	2014 年
	16	八雲町	2013 年
	17	今金町	2007 年
	18	栗山町	2006 年
	19	北竜町	2011 年
	20	和寒町	2009 年
	21	遠軽町	2013 年
	22	大空町	2012 年
	23	豊浦町	2010 年
	24	安平町	2013 年
	25	むかわ町	2013 年
	26	鹿追町	2010 年
	27	芽室町	2013 年
	28	幕別町	2014 年
	29	足寄町	2011 年
	30	浦幌町	2012 年
	31	白糠町	2010 年
青森県	32	青森県	2013 年
	33	青森市	2013 年
	34	黒石市	2014 年
	35	むつ市	2013 年
岩手県	36	岩手県	2008 年
岩手県	37	盛岡市	2013 年
	39	花巻市	2010 年
	40	北上市	2011 年
	41	久慈市	2014 年
	42	遠野市	2012 年
	43	一関市	2007 年
	44	陸前高田市	2009 年
	45	奥州市	2009 年
	46	滝沢市	2013 年
	47	雫石町	2014 年
	48	紫波町	2014 年
	49	西和賀町	2010 年
宮城県	50	宮城県	2009 年
	51	石巻市	2010 年
	52	塩竈市	2010 年
	53	気仙沼市	2011 年
	54	名取市	2011 年
	55	角田市	2011 年
	56	岩沼市	2010 年
	57	登米市	2011 年
	58	栗原市	2011 年
	59	東松島市	2011 年
	60	大崎市	2012 年
	61	蔵王町	2010 年
	62	大河原町	2013 年
	63	柴田町	2012 年
	64	川崎町	2009 年
	65	亘理町	2011 年
	66	山元町	2010 年
	67	松島町	2008 年
	68	涌谷町	2013 年
	69	女川町	2010 年
秋田県	70	横手市	2012 年
	71	男鹿市	2012 年
	72	湯沢市	2013 年
	73	鹿角市	2011 年
	74	由利本荘市	2013 年

【筆者紹介】

神原　勝（かんばら・まさる）

北海道大学名誉教授

1943年北海道生まれ。中央大学法学部卒業、財団法人東京都政調査会研究員、財団法人地方自治総合研究所研究員を経て、1988年～2005年、北海道大学大学院法学研究科教授、2005年～2013年、北海学園大学法学部教授、専攻・自治体学

主な著書に『小規模自治体の生きる道』（公人の友社）、『自治・議会基本条例論』（公人の友社）、『総合計画の理論と実務』（編著、公人の友社）など

中尾　修（なかお・おさむ）

東京財団研究員

1949年北海道栗山町生まれ。北海道立栗山高校卒業。1967年栗山町役場。1986年4月から1992年3月まで議事係長(6年間)。2001年4月から2009年3月まで8年間議会事務局長。2009年4月から現職。

江藤　俊昭（えとう・としあき）

山梨学院大学法学部教授

1956年東京生まれ。1986年中央大学大学院法学研究科博士課程満期退学。博士（政治学）。専攻は地域政治論。1999年から現職。第29・第30次地方制度調査会委員等を歴任。

主な著書に『自治体議会学』（ぎょうせい)、『地方議会改革』(学陽書房)、『討議する議会』（公人の友社)、『自治を担う議会改革』（イマジン出版)、『図解　議会改革』（学陽書房)、『議会基本条例　栗山町議会の挑戦』（共編著・中央文化社）など。

廣瀬　克哉（ひろせ・かつや）

法政大学法学部教授

1958年奈良県生まれ。東京大学大学院博士課程修了。

法学博士。専攻は行政学。1995年から現職。

主な著書に『官僚と軍人』（岩波書店)、『インターネットが変える世界』（共著・岩波新書)、『情報改革』（編著・ぎょうせい)、『「議員力」のススメ』（ぎょうせい)、『議会改革白書』2009年版～2014年版（編著・生活社）など。自治体議会改革フォーラム呼びかけ人代表を務める。

刊行にあたって

歴史的な事情もあって、北海道は中央に依存する遅れた地域とイメージされ、北海道自身もまたそのような北海道観を持ち続けてきたように思われます。けれども北海道には、地域固有の政策資源を活用した必然性のある地域づくりを進める自治体や、自治基本条例・議会基本条例の発祥の地であることが示すように、果敢に政策・制度の開発にいどむ自治体が多数あります。見方を変えれば、北海道はパイオニア自治体の宝庫でもあります。

私たち北海道地方自治研究所は、そうした自治体の営為、いわば自治の先端的な「現場」と直接・間接にかかわりながら、北海道における自治の土壌を豊かにすることを願って、市民・自治体職員・長・議員のみなさん、また研究者の方々とともに、各種の研究会・講演会の開催、調査活動、月刊「北海道自治研究」誌の発刊などを行ってきました。そうした当研究所のこれまでの活動に、このたび「北海道自治研ブックレット」の刊行を加えることにしました。

自治をめぐる環境や条件は大きく変化しています。今後も続く市民活動を起点とする分権改革、また国の政策失敗を主因とする自治体財政の窮状は、自治体の自立および運営における自律の規範と機構の確立をいっそう強く求めています。このような状況にあって、自治体を市民の政府として構築するためには、市民自治の理論・方法・技術をみがくことが不可欠となっています。このブックレットの刊行が、これらの課題にこたえる一助となれば幸いです。

教える者と教わる者が固定化し、上下や序列で区別される時代は終わりました。自治体職員・長・議員を含めた市民が培う生活的・職業的専門性をいかす観点から、人・テーマ・時・場に応じて、自由に立場をかえて教えあい学びあう、いわば相互学習の広場にこのブックレット刊行の事業を育てたいものです。ブックレットを通じて、普遍性ある豊かな自治の構想や理論、斬新な営為との出会いが厚みを増していくことを願っています。

二〇〇七年八月

社団法人・北海道地方自治研究所　理事長　神原　勝

北海道自治研ブックレット NO. 4
議会改革はどこまですすんだか
改革８年の検証と展望

2015 年 2 月 18 日　初版発行　　　　定価（本体 1,200 円＋税）

著　者　　神原勝・中尾修・江藤俊昭・廣瀬克哉
発行人　　武内英晴
発行所　　公人の友社
　〒 112-0002　東京都文京区小石川 5-26-8
　TEL 03-3811-5701　FAX 03-3811-5795
　e-mail: info@koujinnotomo.com
　http://koujinnotomo.com/
印刷所　　倉敷印刷株式会社

「官治・集権」から
「自治・分権」へ

市民・自治体職員・研究者のための

自治・分権テキスト

《出版図書目録 2015.2》

〒120-0002　東京都文京区小石川 5-26-8
TEL　03-3811-5701
公人の友社　FAX　03-3811-5795
mail　info@koujinnotomo.com

●ご注文はお近くの書店へ
小社の本は、書店で取り寄せることができます。
●＊印は〈残部僅少〉です。品切れの場合はご容赦ください。
●直接注文の場合は
電話・FAX・メールでお申し込み下さい。

TEL　03-3811-5701

FAX　03-3811-5795

mail　info@koujinnotomo.com

（送料は実費、価格は本体価格）

【北海道自治研ブックレット】

No.1
市民・自治体・政治
再論・人間型としての市民
松下圭一　1,200円

No.2
議会基本条例の展開
その後の栗山町議会を検証する
橋場利勝・中尾修・神原勝
1,200円

No.3
福島町の議会改革
議会基本条例＝開かれた議会づくりの集大成
溝部幸基・石堂一志・中尾修・神原勝
1,200円

No.4
議会改革はどこまですすんだか
改革8年の検証と展望
神原勝・中尾修・江藤俊昭・廣瀬克哉
1,200円

【地方自治ジャーナルブックレット】

No.1
水戸芸術館の実験
森啓　1,166円（品切れ）

No.2
政策課題研究研修マニュアル
首都圏政策研究・研修研究会
1,359円（品切れ）

No.3
使い捨ての熱帯雨林
熱帯雨林保護法律家リーグ
971円（品切れ）

No.4
自治体職員世直し志士論
童門冬二・村瀬誠　971円＊

No.5
行政と企業は文化支援で何ができるか
日本文化行政研究会　1,166円（品切れ）

No.6
まちづくりの主人公は誰だ
浦野秀一　1,165円（品切れ）

No.7
パブリックアート入門
竹田直樹　1,166円（品切れ）

No.8
市民的公共性と自治
今井照　1,166円（品切れ）

No.9
ボランティアを始める前に
佐野章二　777円

No.10
自治体職員の能力
自治体職員能力研究会　971円

No.11
パブリックアートは幸せか
山岡義典　1,166円＊

No.12
市民が担う自治体公務
パートタイム公務員論研究会
1,359円

No.13
行政改革を考える
山梨学院大学行政研究センター
1,166円（品切れ）

No.14
上流文化圏からの挑戦
山梨学院大学行政研究センター
1,166円

No.15
市民自治と直接民主制
高寄昇三　951円

No.16
議会と議員立法
上田章・五十嵐敬喜 1,600円＊

No.17
分権段階の自治体と政策法務
山梨学院大学行政研究センター
1,456円

No.18
地方分権と補助金改革
高寄昇三　1,200円

No.19
分権化時代の広域行政
山梨学院大学行政研究センター
1,200円

No.20
あなたの町の学級編成と地方分権
田嶋義介　1,200円

No.21
自治体も倒産する
加藤良重　1,000円（品切れ）

No.22
ボランティア活動の進展と自治体の役割
山梨学院大学行政研究センター
1,200円

No.23
新版2時間で学べる「介護保険」
加藤良重　800円

No.24
男女平等社会の実現と自治体の役割
山梨学院大学行政研究センター
1,200円

No.25
市民がつくる東京の環境・公害条例
市民案をつくる会　1,000円

No.26
東京都の「外形標準課税」はなぜ正当なのか
青木宗明・神田誠司　1,000円

No.27
少子高齢化社会における福祉のあり方
山梨学院大学行政研究センター
1,200円

No.28
財政再建団体
橋本行史　1,000円（品切れ）

No.29
交付税の解体と再編成
高寄昇三　1,000円

No.30
町村議会の活性化
山梨学院大学行政研究センター
1,200円

No.31
地方分権と法定外税
外川伸一 800円

No.32
東京都銀行税判決と課税自主権
高寄昇三 1,200円

No.33
都市型社会と防衛論争
松下圭一 900円

No.34
中心市街地の活性化に向けて
山梨学院大学行政研究センター 1,200円

No.35
自治体企業会計導入の戦略
高寄昇三 1,100円

No.36
行政基本条例の理論と実際
神原勝・佐藤克廣・辻道雅宣 1,100円

No.37
市民文化と自治体文化戦略
松下圭一 800円

No.38
まちづくりの新たな潮流
山梨学院大学行政研究センター 1,200円

No.39
ディスカッション三重の改革
中村征之・大森弥 1,200円

No.40
政務調査費
宮沢昭夫 1,200円（品切れ）

No.41
市民自治の制度開発の課題
山梨学院大学行政研究センター 1,200円

No.42
《改訂版》自治体破たん・「夕張ショック」の本質
橋本行史 1,200円＊

No.43
分権改革と政治改革
西尾勝 1,200円

No.44
自治体人材育成の着眼点
浦野秀一・井澤壽美子・野田邦弘・西村浩・三関浩司・杉谷戸知也・坂口正治・田中富雄 1,200円

No.45
シンポジウム障害と人権
橋本宏子・森田明・湯浅和恵・池原毅和・青木九馬・澤静子・佐々木久美子 1,400円

No.46
地方財政健全化法で財政破綻は阻止できるか
高寄昇三 1,200円

No.47
地方政府と政策法務
加藤良重 1,200円

No.48
政策財務と地方政府
加藤良重 1,400円

No.49
政令指定都市がめざすもの
高寄昇三 1,400円

No.50
良心的裁判員拒否と責任ある参加
市民社会の中の裁判員制度
大城 聡 1,000円

No.51
討議する議会
自治体議会学の構築をめざして
江藤俊昭 1,200円

No.52
【増補版】大阪都構想と橋下政治の検証
府県集権主義への批判
高寄昇三 1,200円

No.53
虚構・大阪都構想への反論
橋下ポピュリズムと都市主権の対決
高寄昇三 1,200円

No.54
大阪市存続・大阪都粉砕の戦略
地方政治とポピュリズム
高寄昇三 1,200円

No.55
「大阪都構想」を越えて
問われる日本の民主主義と地方自治
（社）大阪自治体問題研究所 1,200円

No.56
翼賛議会型政治・地方民主主義への脅威
地域政党と地方マニフェスト
高寄昇三 1,200円

No.57
なぜ自治体職員にきびしい法遵守が求められるのか
加藤良重 1,200円

No.58
東京都区制度の歴史と課題
都区制度問題の考え方
著：栗原利美、編：米倉克良 1,400円

No.59
七ヶ浜町（宮城県）で考える
「震災復興計画」と住民自治
編著：自治体学会東北 YP 1,400円

No.60
市民が取り組んだ条例づくり
市長・職員・市議会とともにつくった所沢市自治基本条例
編著：所沢市自治基本条例を育てる会 1,400円

No.61
いま、なぜ大阪市の消滅なのか
「大都市地域特別区法」の成立と今後の課題
編著：大阪自治を考える会 800円

No.62
地方公務員給与は高いのか
非正規職員の正規化をめざして
著：高寄昇三・山本正憲 1,200円

No.63
大阪市廃止・特別区設置の制度設計案を批判する
いま、なぜ大阪市の消滅なのか Part2
編著：大阪自治を考える会 900円

No.64
自治体学とはどのような学か
森啓 1,200円

No.65
通年議会の〈導入〉と〈廃止〉
長崎県議会による全国初の取り組み
松島完 900円

No.66
平成忠臣蔵・泉岳寺景観の危機
吉田朱音・牟田賢明・五十嵐敬喜　900円

［地方自治土曜講座ブックレット］

No.41
少子高齢社会の自治体の福祉法務
加藤良重　400円＊

No.42
改革の主体は現場にあり
山田孝夫　900円

No.43
自治と分権の政治学
鳴海正泰　1,100円

No.44
公共政策と住民参加
宮本憲一　1,100円＊

No.45
農業を基軸としたまちづくり
小林康雄　800円

No.46
これからの北海道農業とまちづくり
篠田久雄　800円

No.47
自治の中に自治を求めて
佐藤守　1,000円

No.48
介護保険は何をかえるのか
池田省三　1,100円

No.49
介護保険と広域連合
大西幸雄　1,000円

No.50
自治体職員の政策水準
森啓　1,100円

No.51
分権型社会と条例づくり
篠原一　1,000円

No.52
自治体における政策評価の課題
佐藤克廣　1,000円

No.53
小さな町の議員と自治体
室埼正之　900円

No.55
改正地方自治法とアカウンタビリティ
鈴木庸夫　1,200円

No.56
財政運営と公会計制度
宮脇淳　1,100円

No.57
自治体職員の意識改革を如何にして進めるか
林嘉男　1,000円

No.59
環境自治体とISO
畠山武道　700円

No.60
転型期自治体の発想と手法
松下圭一　900円

No.61
分権の可能性
スコットランドと北海道
山口二郎　600円

No.62
機能重視型政策の分析過程と財務情報
宮脇淳　800円

No.63
自治体の広域連携
佐藤克廣　900円

No.64
分権時代における地域経営
見野全　700円

No.65
町村合併は住民自治の区域の変更である
森啓　800円

No.66
自治体学のすすめ
田村明　900円

No.67
市民・行政・議会のパートナーシップを目指して
松山哲男　700円

No.69
新地方自治法と自治体の自立
井川博　900円

No.70
分権型社会の地方財政
神野直彦　1,000円

No.71
自然と共生した町づくり
宮崎県・綾町
森山喜代香　700円

No.72
情報共有と自治体改革
片山健也　1,000円

No.73
地域民主主義の活性化と自治体改革
山口二郎　900円

No.74
分権は市民への権限委譲
上原公子　1,000円

No.75
今、なぜ合併か
瀬戸亀男　800円

No.76
市町村合併をめぐる状況分析
小西砂千夫　800円

No.78
ポスト公共事業社会と自治体政策
五十嵐敬喜　800円

No.80
自治体人事政策の改革
森啓　800円

No.82
地域通貨と地域自治
西部忠　900円（品切れ）

No.83
北海道経済の戦略と戦術
宮脇淳　800円

No.84
地域おこしを考える視点
矢作弘　700円

No.87
北海道行政基本条例論
神原勝　1,100円

No.90
「協働」の思想と体制
森啓　800円＊

No.91
協働のまちづくり
三鷹市の様々な取組みから
秋元政三 700円＊

No.92
シビル・ミニマム再考
松下圭一 900円

No.93
市町村合併の財政論
高木健二 800円＊

No.95
市町村行政改革の方向性
佐藤克廣 800円

No.96
創造都市と日本社会の再生
佐々木雅幸 900円

No.97
地方政治の活性化と地域政策
山口二郎 800円

No.98
多治見市の総合計画に基づく政策実行
西寺雅也 800円

No.99
自治体の政策形成力
森啓 700円

No.100
自治体再構築の市民戦略
松下圭一 900円

No.101
維持可能な社会と自治体
宮本憲一 900円

No.102
道州制の論点と北海道
佐藤克廣 1,000円

No.103
自治基本条例の理論と方法
神原勝 1,100円

No.104
働き方で地域を変える
山田眞知子 800円（品切れ）

No.107
公共をめぐる攻防
樽見弘紀 600円

No.108
三位一体改革と自治体財政
岡本全勝・山本邦彦・北良治・逢坂誠二・川村喜芳 1,000円

No.109
連合自治の可能性を求めて
松岡市郎・堀則文・三本英司・佐藤克廣・砂川敏文・北良治他 1,000円

No.110
「市町村合併」の次は「道州制」か
森啓 900円

No.111
コミュニティビジネスと建設帰農
松本懿・佐藤吉彦・橋場利夫・山北博明・飯野政一・神原勝 1,000円

No.112
「小さな政府」論とはなにか
牧野富夫 700円

No.113
栗山町発・議会基本条例
橋場利勝・神原勝 1,200円

No.114
北海道の先進事例に学ぶ
宮谷内留雄・安斎保・見野全・佐藤克廣・神原勝 1,000円

No.115
地方分権改革の道筋
西尾勝 1,200円

No.116
転換期における日本社会の可能性～維持可能な内発的発展
宮本憲一 1,100円

[地域ガバナンスシステム・シリーズ]
（龍谷大学地域人材・公共政策開発システム・オープン・リサーチセンター（LORC）…企画・編集）

No.1
地域人材を育てる自治体研修改革
土山希美枝 900円

No.2
公共政策教育と認証評価システム
坂本勝 1,100円

No.3
暮らしに根ざした心地よいまち
1,100円

No.4
持続可能な都市自治体づくりのためのガイドブック
1,100円

No.5
英国における地域戦略パートナーシップ
編：白石克孝、監訳：的場信敬 900円

No.6
マーケットと地域をつなぐパートナーシップ
編：白石克孝、著：園田正彦 1,000円

No.7
政府・地方自治体と市民社会の戦略的連携
的場信敬 1,000円

No.8
多治見モデル
大矢野修 1,400円

No.9
市民と自治体の協働研修ハンドブック
土山希美枝 1,600円

No.10
行政学修士教育と人材育成
坂本勝 1,100円

No.11
アメリカ公共政策大学院の認証評価システムと評価基準
早田幸政 1,200円

No.12
イギリスの資格履修制度
資格を通しての公共人材育成
小山善彦 1,000円

No.14
炭を使った農業と地域社会の再生
市民が参加する地球温暖化対策
井上芳恵 1,400円

No.15
対話と議論で〈つなぎ・ひきだす〉ファシリテート能力育成ハンドブック
土山希美枝・村田和代・深尾昌峰　1,200円

No.16
「質問力」からはじめる自治体議会改革
土山希美枝　1,100円

No.17
東アジア中山間地域の内発的発展
日本・韓国・台湾の現場から
清水万由子・＊誠國・谷垣岳人・大矢野修　1,200円

No.18
カーボンマイナスソサエティ
クルベジでつながる、環境、農業、地域社会　定松功編著　1,100円

［単行本］

フィンランドを世界一に導いた100の社会改革
編著　イルカ・タイパレ
訳　山田眞知子　2,800円

公共経営学入門
編著　ボーベル・ラフラー
訳　みえガバナンス研究会
監修　稲澤克祐、紀平美智子　2,500円

変えよう地方議会
～3・11後の自治に向けて
編著　河北新報社編集局　2,000円

自治体職員研修の法構造
田中孝男　2,800円

自治基本条例は活きているか?!
～ニセコ町まちづくり基本条例の10年
編　木佐茂男・片山健也・名塚昭　2,000円

国立景観訴訟～自治が裁かれる
編著　五十嵐敬喜・上原公子　2,800円

成熟と洗練～日本再構築ノート
松下圭一　2,500円

地方自治制度「再編論議」の深層
監修　木佐茂男
青山彰久・国分高史一　1,500円

韓国における地方分権改革の分析～弱い大統領と地域主義の政治経済学
尹誠國　1,400円

自治体国際政策論
～自治体国際事務の理論と実践
楠本利夫　1,400円

自治体職員の「専門性」概念
～可視化による能力開発への展開
林奈生子　3,500円

アニメの像VS.アートプロジェクト～まちとアートの関係史
竹田直樹　1,600円

NPOと行政の《協働》活動における「成果要因」
～成果へのプロセスをいかにマネジメントするか
矢代隆嗣　3,500円

おかいもの革命
消費者と流通販売者の相互学習型プラットホームによる低酸素型社会の創出
編著　おかいもの革命プロジェクト　2,000円

原発再稼働と自治体の選択
原発立地交付金の解剖
高寄昇三　2,200円

総合計画の新潮流
自治体経営を支えるトータル・システムの構築
監修・著　玉村雅敏　2,400円

「地方創生」で地方消滅は阻止できるか
地方再生策と補助金改革
高寄昇三　2,400円

総合計画の理論と実務
行財政縮小時代の自治体戦略
編著　神原勝・大矢野修　3,400円

［自治体危機叢書］

2000年分権改革と自治体危機
松下圭一　1,500円

自治体財政破綻の危機・管理
加藤良重　1,400円

自治体連携と受援力
もう国に依存できない
神谷 秀之・桜井 誠一　1,600円

政策転換への新シナリオ
小口進一　1,500円

住民監査請求制度の危機と課題
田中孝男　1,500円

政府財政支援と被災自治体財政
東日本・阪神大震災と地方財政
高寄昇三　1,600円

震災復旧・復興と「国の壁」
神谷秀之　2,000円

自治体財政のムダを洗い出す
財政再建の処方箋
高寄昇三　2,300円